GOLDMANN

Buch

Das taoistische Ernährungssystem beruht auf dem Prinzip der Ausgewogenheit, das sich seit mehr als 6000 Jahren bewährt hat. Grundlage bildet die Theorie der fünf Geschmacksqualitäten scharf, sauer, süß, salzig und bitter. Dieses Buch ermöglicht die Zuordnung von Lebensmitteln zu den fünf Geschmacksrichtungen und somit die Ausgewogenheit im Sinne des energetischen Gleichgewichts. Die gesunde, vielseitige, schlankmachende Ernährung wird so zum Vergnügen. Man vermag bei jedem Lebensmittel zu bestimmen, ob es ausgewogen und gesund ist oder nicht.

Wer seine Nahrungsmittel nicht richtig auswählt und sich nicht an einen ausgewogenen Ernährungsplan hält, kann über kurz oder lang Gewichtsprobleme bekommen, an Gesundheitsstörungen leiden und krank werden. Das in diesem Buch zusammengetragene Wissen hilft in Form von soliden, praktischen Hinweisen, das Gewicht zu regulieren, den Gesundheitszustand zu verbessern und Krankheiten vorzubeugen.

Autor

Dr. med. Stephen T. Chang, ein international renommierter Gelehrter und praktizierender Arzt, studierte chinesische und westliche Medizin. Er ist nicht nur promovierter Mediziner, sondern er erwarb außerdem Doktorgrade in Philosophie, Theologie und Rechtswissenschaften. Auf Vortragsreisen, die ihn in nahezu alle Länder der Erde führen, lehrt Dr. Chang die verschiedenen Aspekte des Taoismus. Er ist Autor mehrerer Bücher über Tao, Akupunktur und verwandte medizinische Themen. Einige seiner Werke wurden in zehn und mehr Sprachen übersetzt.

STEPHEN T. CHANG

Das Tao der Ernährung

Zu Gesundheit und Schlankheit auf natürlichem Weg

Aus dem Amerikanischen
von Ulla Schuler

GOLDMANN VERLAG

Umwelthinweis
Alle bedruckten Materialien dieses Taschenbuches
sind chlorfrei und umweltschonend.

Der Goldmann Verlag
ist ein Unternehmen der Verlagsgruppe Bertelsmann

Vollständige Taschenbuchausgabe Dezember 1995
Wilhelm Goldmann Verlag, München

Originalverlag: Tao Publishing, San Francisco, USA
Originaltitel: The Tao of Balanced Diet –
Secrets of a Thin & Healthy Body
Umschlaggestaltung: Design Team München
Umschlagabbildung: Guido Pretzl, München
Druck: Presse-Druck Augsburg
Verlagsnummer: 13905
Ba · Herstellung: Sebastian Strohmaier
Made in Germany
ISBN 3-442-13905-8
1 3 5 7 8 10 8 6 4 2

Inhalt

Zweiter Teil

Dritter Teil

VIERTER TEIL

FÜNFTER TEIL

Einführung

Eine kürzere Fassung des vorliegenden Buches erschien 1979 in Kalifornien unter dem Titel »Secrets of a Thin Body« (Das Geheimnis, eine schlanke Figur zu haben). Seither hat das Interesse an der taoistischen Theorie einer ausgewogenen Ernährung, die darin zum erstenmal vorgestellt und erläutert wurde, weltweit zugenommen. Vor allem in vielen Ländern Europas fand das Buch bereits zahllose begeisterte Leser. Tausende von hochinteressanten Anfragen und Berichten aus aller Welt erreichten mich, und ich nehme hier die Gelegenheit wahr, allen Absendern von Herzen zu danken. Das hohe Niveau der Zuschriften hat mich sehr beeindruckt.

Auf den nächsten Seiten werde ich in zehn Punkten die wichtigsten Gedanken und Anregungen zum Thema zusammenfassen.

1. Viele Leser waren dankbar, die Methode der ausgewogenen Ernährung auf der Grundlage der Theorie der fünf Geschmacksqualitäten kennenzulernen. Die Aussagen dazu seien hier wiedergegeben: Fast jeden Monat wird irgendwo eine neue Diät erfunden und propagiert, aber kaum eine berücksichtigt ernsthaft, daß eine vernünftige Ernährung ausgewogen sein muß. Wenn überhaupt von Ausgewogenheit die Rede ist, geben nur wenige Theorien erschöpfend Auskunft, wie sie sich realisieren läßt. Der Wunsch nach einem überzeugenden, ausgewogenen Ernährungskonzept blieb stets unerfüllt. Niemand weiß wirklich, wie die vielzitierte Ausgewogenheit zu erreichen ist, weil das Gebiet der Ernährungswissenschaft zu umfassend ist. Der Versuch, sich ausgewogen zu ernähren, mündet oft nur in Angst, Verwirrung und Enttäuschung.

Erst die Theorie der fünf Geschmacksqualitäten hat den Traum von der ausgewogenen Ernährung erfüllbar gemacht. Mit Hilfe dieser im Grunde einfachen und leicht durchzuführenden taoistischen Theorie wird ausgewogene Ernährung zum Vergnügen. Denn diese Theorie vermittelt Ihnen ein sofort abrufbares und praktikables System, in dessen Rahmen Sie Ihre Ernährung beurteilen können. Sie vermögen nun jedes Nahrungsmittel danach einzustufen, ob es ausgewogen und gesund ist oder nicht. Läßt man diese Theorie außer acht, dann kommt es bei einer Speise nur darauf an, ob sie lecker ist oder nicht. Sobald Sie jedoch das Rüstzeug erworben haben, Nahrungsmittel richtig zu beurteilen, werden Sie beim Essen nicht mehr zuerst überlegen, ob es gut schmeckt, sondern ob es ausgewogen ist (das heißt, ob es gesund ist).

Besteht die Mahlzeit zum Beispiel überwiegend aus Nahrungsmitteln der Geschmacksqualität »sauer«, dann sträubt sich Ihre Vernunft, und Sie werden sich nicht überessen, selbst wenn die Mahlzeit köstlich schmeckt. Mit anderen Worten: Ihre gesamte Einstellung zum Essen hat sich gewandelt. Da der Gedanke an die Unausgewogenheit den Genuß des Essens überschattet, setzt die Gewichtskontrolle indirekt bereits ein, bevor eine Speise zubereitet oder verzehrt wird. Wenn man aber weiß, daß eine Mahlzeit ausgewogen ist, schmeckt sie um so köstlicher und sättigt so schnell, daß man sich auch in diesem Fall nicht überessen wird. Wer die taoistische Theorie der ausgewogenen Ernährung in die Praxis umsetzt, verbessert nicht nur seine Nährstoffversorgung und seine Gesundheit, sondern normalisiert auch sein Gewicht.

2. Die Kommentare zu den Rezepten in diesem Buch gebe ich hier summarisch wieder: Bei den Gerichten im Rezeptteil handelt es sich nicht bloß um Mahlzeiten, sondern um therapeutisch wirksame Zusammenstellungen. Eine Speise, die nach den im Buch erläuterten Prinzipien bereitet wird, wirkt gleichsam wie ein subtiler therapeutischer Eingriff. Wenn Sie Ihren Gästen ein solches Gericht servieren, strahlen ihre Gesichter vor Dankbarkeit. Eine ausgewogene Mahlzeit stimmt zufriedener als jede andere, und stammte sie aus dem angesehensten Luxusrestaurant. Sie wirkt unmittelbar »aufbauend«. Nach dem Genuß einer solchen Mahlzeit fühlt man sich so lebendig, als hätte sie einem Leben eingehaucht, als würde sie Leben ausstrahlen und übertragen. Jede solche Mahlzeit bedeutet eine frische Dosis »wohlschmeckender Medizin«.

3. Kommentare zu der nichtrestriktiven, sanften Methode der Gewichtsabnahme, wie dieses Buch sie vertritt, seien ebenfalls erwähnt: Fast jedes Diätbuch, das heute in den Buchläden angeboten wird, strotzt von Verboten. So viele Nahrungsmittel werden mit erschrekkenden Begründungen untersagt, daß oft die Angst unsere Bemühungen, gesund zu werden, begleitet. Vor allem wenn man eine Diät durchführt, wird Angst leicht zum Synonym für die Diät. Eine Diät bedeutet, sich Zwang anzutun, folglich hat man ständig das Gefühl, gefoltert zu werden. Die eine Diät zwingt zu übertriebenem körperlichen Training, eine andere zu extremer Flüssigkeitszufuhr, wieder eine andere bringt einen dem Hungertod nahe. Das Empfinden einer Qual ist so überwältigend, daß man es kaum erwarten kann, die Diät zu beenden und endlich wieder »normal« zu essen. Nach dem letzten Diättag aber genießt man das Essen um so mehr und ißt noch mehr als früher. Da die Gier nach Essen steigt, wenn der Organismus hungert, nimmt man die verlorenen Pfunde – und mehr – sehr schnell wieder zu. Nach einer Diät ist die Lage schlimmer als vorher, und sie verschlechtert sich stetig, bis man wieder eine Diät beginnt, mag man sich noch so dabei quälen. Und der Heißhunger beginnt erneut – mit verheerenden Folgen. Das seelische und körperliche Leiden nimmt kein Ende. Wenn man das Wort »Diät« nur hört, wird einem schon angst und bange.

Dieses Buch setzt dem Leiden ein Ende, denn nach seiner Strategie dürfen Sie essen und nehmen gleichzeitig ab. Man wird wirklich satt, ohne auch nur ein Gramm zuzunehmen. Wenn man ausgewogen ißt, wird man auch innerlich ausgeglichen. Und wenn man ausgeglichen ist, wird auch der Sinn für das Maßhalten zu einer inneren Kraft, die als Eßbremse wirkt.

4. Plädoyers gegen den Verzehr von Fleisch fanden sich unter den Zuschriften. Einige Vegetarier haben sich beklagt, daß mein Buch nicht für eine vegetarische Ernährungsweise eintritt. Aus meiner Sicht ist Vegetarismus eine Ernährungsweise, die durch die geographische Lage und die Verfügbarkeit bestimmter Nahrungsmittel bedingt ist. Zentraler Gedanke des Taoismus ist das Gleichgewicht,

die Ausgewogenheit, und so geht es in diesem Buch um eine alles in allem ausgewogene Ernährung – das heißt nicht auf Kosten dieser oder jener Gruppe von Lebewesen.

Meines Erachtens verdienen es Pflanzen genausowenig wie Tiere, getötet zu werden, damit wir zu essen haben. Nach neueren wissenschaftlichen Erkenntnissen reagieren Pflanzen auf Berührungsreize und auf Musik, sie zeigen Streßreaktionen beim Tod anderer Lebewesen, bluten, produzieren den Sauerstoff, den wir zum Atmen brauchen, und vieles mehr. Auch sie ernähren ihre Nachkommen und schützen sie, bis sie groß genug sind, um selbst für sich zu sorgen. Auch Pflanzen werden krank, wenn mikroskopisch kleine Lebewesen sie infizieren – Mikroben, die nicht nur die Pflanze, sondern den Menschen ebenso schädigen. Beim Umpflanzen erleiden Pflanzen einen Wurzelschock und sind physiologischen Veränderungen ausgesetzt, die zu ihrem Tod führen können. Es steht außer Frage, daß Pflanzen Lebewesen sind. Ist es dann etwa humaner, anstelle von Tieren Pflanzen zu töten? Oder sind die unhörbaren Schreie der Pflanzen etwa bedeutungslos, verglichen mit den hörbaren Schreien der Tiere?

Würden wir darüber nachdenken, was Pflanzen ertragen müssen, wenn sie, um uns zu sättigen, aus der Erde gerissen werden, dann könnten wir nur noch von der Luft leben. Doch selbst die Luft wimmelt von Lebewesen. Unaufhörlich und unbewußt atmen wir Millionen von Mikroorganismen (und Schadstoffen) ein, die unser Immunsystem vernichtet. Und täglich zerstören wir Millionen von Mikroorganismen in den Pflanzen und dem Fleisch, das wir kochen und essen. Im wesentlichen handelt es sich um mikroskopisch kleine Lebewesen, von denen manche unter dem Mikroskop freilich wie Elefanten wirken. Einige verfügen über unglaublich raffinierte Strukturen und Möglichkeiten, sich fortzubewegen. Einige sind für uns bedeutsam, indem sie uns helfen, Nährstoffe zu verdauen, aufzubauen und zu absorbieren. Manche Mikroorganismen können Hormone für den Menschen synthetisieren (diese Möglichkeit nützt man etwa bei der gentechnischen Herstellung von Insulin). Manche pflanzen sich in einer Weise fort, die an die Fortpflanzung des

Menschen erinnert. Deswegen und aus vielen weiteren Gründen kann es im ganzen Universum keinen wirklich konsequenten, reinen Vegetarier geben.

Wenn mein Leben sinnlos ist, dann war alles Leben, das für das meine geopfert wurde, verschwendet, und ich habe mich versündigt. Ist mein Leben sinnvoll, dann brauche ich anderes Leben (Nahrung), um meines zu erhalten, damit ich meinen Auftrag erfüllen kann. Die taoistische Philosophie sieht einen Sinn des Lebens darin zu lernen, alle Gaben des Schöpfers verantwortungsvoll und in ausgewogener Weise zur Erhöhung aller Geschöpfe zu nutzen. Diese Lehre bezieht sich auf alle Lebewesen einschließlich des Menschen. (Für den Taoisten hat jeder Funken Leben seinen Sinn und Zweck.) Taoisten glauben an die Wiedergeburt alles Lebendigen. Nur weil die Gestalt des Lebens sich ändert, heißt dies nicht, daß das Leben aufhört, es setzt sich nur in anderer Gestalt fort. Wenn ein Geschöpf seinen Lebensauftrag erfüllt, wird es durch seine erworbenen Verdienste würdig, sich zu einer höheren Lebensform zu entwickeln. Die Evolution selbst hat ihren Sinn. Ihn zu erfahren erfordert ein besonderes und kompliziertes Wissen, auf das wir hier nicht eingehen können. Literatur zur Lehre des Taoismus finden Sie im Literaturverzeichnis.

Ein Grundgedanke des vorliegenden Buches ist die Ausgewogenheit, und deshalb wird darin eine vegetarische Ernährung weder empfohlen noch verdammt. Ich selbst esse sehr gern Gemüse, finde es aber nicht richtig, meine Einstellung anderen aufzuzwingen. Manche Menschen leisten schwere körperliche Arbeit, die viel Energie verbraucht, und glauben, diese am besten durch Verzehr von Fleisch zuführen zu können. Deswegen enthält der Rezeptteil dieses Buches reine Fleischgerichte und auch reine Gemüserezepte. (Die Auswahl an vegetarischen Rezepten ist beachtlich.) Beim Zusammenstellen Ihrer Mahlzeiten müssen Sie wissen, was Ihr Organismus jeweils braucht. Ein Mensch beispielsweise, der körperlich schwer arbeitet und sich extrem vegetarisch ernährt, wird nicht sehr leistungsfähig sein. Andererseits wäre es unvernünftig, wenn ein Herzkranker oder ein Diabetiker große Mengen Fleisch äße. Eine

Regel gilt jedoch grundsätzlich für eine ausgewogene, gesunde Kost, nämlich daß eine Fleischmahlzeit immer durch Gemüse ergänzt werden muß.

5. Sollen wir Kalorien (Joule) zählen? Davon ist in diesem Buch keine Rede. Ich finde, daß genug Bücher zum Thema »Kalorienzählen« Auskunft geben, ein weiteres ist überflüssig. Außerdem kommen trotz der zahllosen Werke, in denen die Kalorien berücksichtigt werden, immer wieder Ratlose zu mir, die unter Gewichtsproblemen leiden. Das Kalorienzählen löst das Problem des Übergewichts also nicht, denn auf die Dauer ist es wirkungslos. Eine der Folgen dieser Zählerei ist meines Erachtens, daß der Körper eine Gier nach mehr Nahrungsmitteln mit noch mehr Kalorien entwikkelt und, was noch schlimmer ist, Kalorien zu Fett umbaut. Ständiges Kalorienzählen und Kaloriensparen verringern zwar die Kalorienzufuhr, trainieren aber auch den Körper, die wenigen angebotenen Kalorien optimal zu verwerten. Weil Kalorien nicht mehr reichlich verfügbar sind, verwertet oder speichert der Körper jede Kalorie, anstatt sie zu verbrennen.

Im Laufe der Zeit verliert das Kalorienzählen seine Wirksamkeit, und man nimmt zu. Dies läßt sich nur verhindern, indem man weiter Kalorien einspart, aber auf lange Sicht kann auch eine verminderte Kalorienzufuhr keine befriedigenden Ergebnisse mehr erzielen. Die Kalorienzahl muß daher immer stärker reduziert werden, bis man schließlich bei der Nulldiät landet. Neuere Untersuchungen zeigen, daß ein anhaltender Mangelzustand den Organismus veranlaßt, seinen aktuellen Energiebedarf zu opfern, um lebensverlängernde Energie für die Zukunft zu sparen. Der Organismus spart Energie, indem er sie in Fettspeicher verwandelt. Die Folge ist ein träger und übergewichtiger Körper. Außerdem ist es schwer, das Kalorienzählen wieder aufzugeben, wenn man erst einmal damit angefangen hat. Sobald man aber damit aufhört, während die Organfunktionen auf Sparflamme köcheln, kommt es zu einer noch rascheren Gewichtszunahme. Außerdem gefährdet das Kalorienzählen die Ausgewogenheit der Ernährung. Statt dieser Ausgewogenheit Priorität einzuräumen, wird das Addieren von Kalorien vor dem Essen an die erste Stelle gesetzt, und die Ausgewogenheit der Nahrungsmittel wird sekundär oder überhaupt nicht bedacht. Mancher Kalorienzähler, der mit dem Kaloriengehalt der verschiedenen Nahrungsmittel kaum vertraut ist, wird sich deshalb bei der Wahl seiner Nahrungsmittel auf wenige beschränken und sich einseitig, also unausgewogen ernähren.

6. Zur Abstinenz von Zucker und Salz sei bemerkt: Obwohl fast jedes Buch über Nährstoffe und gesunde Ernährung vor Zucker und Salz warnt und die Experten sich gegen den Verzehr von Zucker und Salz aussprechen, empfiehlt das vorliegende Buch keinen Verzicht auf Zucker oder Salz. Wiederum ist die Ausgewogenheit der Grund: Zucker und Salz sind wesentliche Bestandteile ausgewogener Mahlzeiten und haben deswegen große Bedeutung für die Gesundheit und die Gewichtskontrolle. Der Schöpfer hat nicht vorgesehen, daß Zucker und Salz für den Menschen schlecht sein sollten. Träfe es zu, dann wäre die Menschheit längst ausgestorben. Der richtige, nämlich ausgewogene Gebrauch von Zucker und Salz verursacht keine Probleme, wohl aber ein Zuviel und Zuwenig. Ein Übermaß an Zucker oder Salz wird sich auf die Dauer als Ursache gesundheitlicher Probleme herausstellen. Verzichtet man aber ganz auf Zucker oder Salz, kommt es nicht nur zu Funktionsstörungen innerer Organe, sondern auch das Essen schmeckt nicht. Und wenn man Essen nicht genießen kann, entgeht einem eine der größten Freuden des Lebens.

Die amerikanische Arznei- und Lebensmittelbehörde (Food and Drug Administration, FDA) hat überdies kürzlich darauf hingewiesen, daß nach gründlichen Studien kein schlüssiger Beweis für einen Zusammenhang zwischen Zuckerzufuhr und Fettsucht, Diabetes, Bluthochdruck, Unverträglichkeit oder Herzleiden bestehe. Wenn Sie wissen wollen, wie Sie mit Zucker und Salz richtig umgehen, lesen Sie bitte die entsprechenden Abschnitte in diesem Buch. Falls Sie modernen Raffinadezucker nicht verwenden möchten, können Sie unbedenklich mit Rohzucker oder Honig süßen.

7. Soll man Vitamin- und Mineralstoffpräparate einnehmen? Ich empfehle es nicht, entsprechende Präparate einzunehmen, weil es sich hierbei um ein verhältnismäßig unerforschtes Gebiet handelt. Niemand, auch kein Experte, weiß heute umfassend über diese Stoffe Bescheid. Wer sich ausgewogen und natürlich ernährt, braucht keinen Nährstoffmangel zu befürchten. Übrigens besteht Nahrung nach der Theorie von den fünf Geschmacksqualitäten und nach der taoistischen Energielehre nicht nur aus Grundnährstoffen, Vitaminen und Mineralstoffen, sondern sie enthält auch Lebensenergie, Heilkräfte und so weiter. (Von Vitaminen und Mineralstoffen wird übrigens später noch die Rede sein.)

8. Ist es besser, sich möglichst nur mit Nahrungsmitteln aus heimischem Anbau zu ernähren? Auch das wird im vorliegenden Buch im Interesse der Ausgewogenheit nicht empfohlen. Keine Region ist so vielseitig, daß sie von Natur aus alle Arten von Gewürzen, Früchten, Gemüse, Geflügel und dergleichen hervorbringen könnte. Das Angebot wäre somit begrenzt und vielleicht unausgewogen. Wenn man sich also völlig auf heimische Erzeugnisse beschränkt, ist das, als würde man sich eine ausgewogene Ernährung bewußt versagen. Zudem ist es, besonders in unserer Zeit der weltweiten Kommunikation, einigermaßen schwierig, sich derart zu beschränken. Die ganze Welt bildet eine Einheit, die ganze Welt teilt Sonne, Wasser und Erde miteinander. Es gibt keine natürlichen, sondern nur politische Grenzen.

9. Fragen zur jahreszeitlich gebundenen Ernährung beantworte ich abschlägig. Dieses Ernährungskonzept ist nicht praktikabel. Meine Beurteilung begründe ich im vierten Kapitel (siehe dritter Teil des Buches).

10. Hinsichtlich einer Spezifizierung der Heilwirkung der einzelnen Nahrungsmittel sei gesagt, daß eine Spezifizierung hier nicht vorgenommen wird. Denn bei den Grundnahrungsmitteln unterscheidet man vier Qualitäten, an denen man sich orientieren kann:

Wohlgeschmack, appetitliches Aussehen, Wohlgeruch (Aroma) und optimaler Nährstoffgehalt – heilende Eigenschaften zählen nicht dazu. Da Grundnahrungsmittel dazu dienen, das Leben zu erhalten, sind ihre heilenden Kräfte so gering, daß man sich bezüglich eines Heileffektes nicht auf sie verlassen darf. Nährstoffgehalt und Heilkraft der Grundnahrungsmittel reichen nicht aus, um Krankheiten zu beseitigen und Zellen zu verjüngen oder zu reparieren. Nur die Heilpflanzen enthalten genügend Nährstoffe und medizinische Wirkprinzipien, um den Organismus zu heilen.

In Würdigung des Interesses meiner Leserinnen und Leser und angesichts der Tatsache, daß meine ersten Ausführungen zur taoistischen Ernährungslehre Tausenden zu einer gesunden Balance ihrer Organfunktionen verholfen haben, stelle ich dieses Buch vor. Ich habe den ursprünglich sehr knappen Text gründlich überarbeitet und stark erweitert, so daß aus der ehemaligen Broschüre ein stattlicher Band wurde, der Sie, wie ich hoffe, darin unterstützt, länger, gesünder, glücklicher und weiser zu leben.

Dr. med. Stephen T. Chang

ERSTER TEIL

1. Taoismus

Das Tao der ausgewogenen Ernährung befaßt sich mit einem Teilaspekt der noch immer lebendigen Philosophie des Taoismus. Es beschäftigt sich mit einer der acht Säulen oder Untergruppen taoistischen Denkens und Handelns. Die acht Säulen werden im *Pa-kua,* dem Symbol des Taoismus, durch acht Trigramme verkörpert.

Abb. 1: *Pa-kua* oder Symbol des Tao. Die acht Trigramme, die in acht verschiedenen Richtungen um das *Yin -Yang*-Symbol angeordnet sind, stellen die Säulen des Taoismus dar.

Viele Lehren des Tao wurden jahrhundertelang geheimgehalten. Daher werde ich, bevor wir uns näher mit dem Tao der ausgewogenen Ernährung beschäftigen, die acht Säulen vorstellen und kurz erläutern.

1. Das Tao der Philosophie
2. Das Tao der Revitalisierung (innere Übungen)
3. Das Tao der ausgewogenen Ernährung
4. Das Tao der vergessenen Heilpflanzen
5. Das Tao der Heilkunst
6. Das Tao der sexuellen Weisheit
7. Das Tao der Selbstdisziplin
8. Das Tao des gestalteten Schicksals

Das Tao der Philosophie
(Symbol: *ch'ien* = Himmel)

Das Tao der Philosophie offenbart uns die Logik, die dem Leben zugrunde liegt, und den Sinn des Lebens. Es handelt sich um eine Sammlung von Richtlinien, die vom einzelnen ebenso wie von der Gemeinschaft befolgt werden, um zu Erfolg und spiritueller Erhöhung zu gelangen. Das Tao der Philosophie beruht auf der spirituellen Erkenntnis der verborgenen, aber ewig währenden und verbindlichen Gesetze des Universums und lehrt die richtigen Methoden, zu regieren sowie die gesellschaftliche Entwicklung und das individuelle Wohlergehen zu fördern.

Das Tao der Revitalisierung
(Symbol: *k'an* = Wasser)

Das Tao der Revitalisierung – wir sprechen auch von den »inneren Übungen« – wird in drei Gruppen unterteilt:

Die erste Gruppe umfaßt jene Übungen, welche die körpereigenen Heilkräfte auf bestimmte innere Organe und Drüsen lenken sollen, um den ganzen Körper mit Lebensenergie zu erfüllen, das Gleichgewicht der Energie und eine bessere Funktion der inneren Organe herbeizuführen. Ziel ist es, zu heilen, zu regulieren, zu korrigieren und vor allem Krankheiten vorzubeugen. Es handelt sich um die Gymnastik nach fünf Tieren, um die Übungen nach acht Himmelsrichtungen (Brokatgymnastik), die zwölf Übungen nach der Organuhr (Tierkreis) und zwölf Übungen für das Nervensystem. Hierzu kommen noch bestimmte Grundübungen, nämlich »Hirsch«, »Kranich« und »Schildkröte«, die bei Störungen der Sexualfunktion, bei Verdauungsschwierigkeiten und Gewichtsproblemen sowie bei nervösen Beschwerden korrigierend wirken.

In die zweite Gruppe gehört die Meditation über die Meridiane, die auch »Reise-um-die-Welt-Meditation« oder einfach taoistische »Kontemplation« (Versenkung) genannt wird. Die Meridianmeditation ist eine besondere Heilkunst, mit deren Hilfe sich die Energien im Körper regulieren, im Gleichgewicht halten und steigern lassen. Wer gelernt hat, über die Energiekanäle, als *Meridiane* bezeichnet, zu meditieren, kann fühlen, wie die Energie durch diese Kanäle strömt, und sie ausgleichend lenken. Dadurch wird ein vollkommener Einklang zwischen Geist, Leib und Seele erzielt, und die Lebenskräfte des Übenden erneuern sich vollständig. (Akupunktur und Akupressur sind Verfahren, die aus der Meridianmeditation hervorgingen. Sie werden überwiegend am Mitmenschen angewandt, während die Meridianmeditation eine Technik der Selbstbehandlung ist.)

Die dritte Gruppe der inneren Übungen umfaßt bestimmte Atemtechniken. Mit Hilfe dieser Techniken kann Energie durch die auf den Meridianen liegenden Akupunkturpunkte absorbiert werden. Die energiesteigernde Atmung ist ein wesentlicher Schritt auf dem Weg, sich selbst zu heilen und eine unauflösliche Verbindung mit der Energie einzugehen, die das Universum durchdringt.

Das eigentliche Ziel der inneren Übungen ist es, die Langlebigkeit zu fördern.

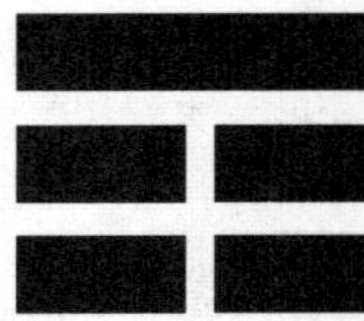

Das Tao der ausgewogenen Ernährung
(Symbol: *ken* = Berg)

Dieser Aspekt des Tao bildet das Thema des vorliegenden Buches. Daher werden Theorie und Praxis des Tao der ausgewogenen Ernährung in den folgenden Kapiteln klar und umfassend erörtert.

Das Tao der vergessenen Heilpflanzen
(Symbol: *chen* = Donner, Bewegung)

Normalerweise ißt der Mensch gerne und mit Genuß. Der appetitliche Anblick, der Duft und Geschmack unserer täglichen Mahlzeiten erfreuen uns. Die üblichen Speisen liefern uns jedoch meist nicht so viele Nährstoffe, daß wir bei solcher Kost gesund bleiben könnten. Vielmehr muß sie durch wirkstoffreichere Nahrung ergänzt werden, nämlich durch heilend wirkende Kräuter, die gleichsam das zweite Bein einer gesunden Ernährung darstellen. Dies besagt das Tao der vergessenen Heilpflanzen.

Im Laufe der Zeit erforschten die Taoisten die Heilkräfte der

Kräuter und eigneten sich große Erfahrung in der Anwendung von Heilpflanzen an. Beispielsweise verstanden sich vor mehreren tausend Jahren die Chirurgen darauf, ihre Patienten mit Hilfe eines Kräutertees sechs Stunden lang ohne Nebenwirkungen zu betäuben. (Die Chirurgie war damals eine sehr angesehene Disziplin. Einer ihrer kunstfertigen Eingriffe etwa bestand darin, einem Patienten Organe zu entnehmen, sie in Kräuterlösungen zu spülen und wieder in den Körper einzubringen. Dieses Verfahren wurde schließlich aufgegeben, weil die damaligen Ärzte erkannten, daß eine solche Behandlung wenig wirksam und unvollkommen war und die eigentliche Lösung in der Verhütung von Krankheiten lag. Sie begriffen, daß jede Krankheit, einschließlich der Tumoren, Folge einer bestimmten Lebensweise war; wiederholte chirurgische Eingriffe konnten das erneute Auftreten von Tumoren nicht verhindern, wohl aber eine Umstellung der Lebensweise.)

Viele Eigenschaften chinesischer Heilpflanzen müssen von der modernen Wissenschaft erst noch entdeckt werden. Die amerikanische Akademie der Wissenschaften schätzt, daß die Erde ungefähr eine Million verschiedener Pflanzen beherbergt (knapp eine halbe Million an Pflanzenarten ist bekannt [Anmerkung der Übersetzerin]). Bisher wurde aber erst ein unbedeutender Teil davon mit modernen analytischen Methoden erforscht.

Die Lebensmittel, die der Supermarkt anbietet, sind vergleichsweise minderwertig. Gemessen an der Fülle verschiedenster Nahrungsmittel, die uns die Erde beschert, ist die Auswahl dort sehr begrenzt. Gott schuf Blätter, Zweige, Stämme und Wurzeln, auf daß wir sie nutzen, doch die meisten Menschen übersehen diese Schätze völlig. Die Taoisten nannten sie »vergessene Nahrung«, jene Kräuter, die vergessen wurden, weil unsere Vorfahren sie durch einen Selektionsprozeß von ihrem Speisezettel strichen. Dieser Auswahl fiel im Laufe von Jahrtausenden alles zum Opfer, was Augen, Nase und Mund nicht verlockte. Als der Mensch lernte, seinen Nahrungsbedarf anzubauen, gab er natürlich jenen Pflanzen den Vorzug, die seine Sinne am stärksten ansprachen. Nun heißt es aber nicht von ungefähr, daß der Mensch ist, was er ißt. »Starke« Nahrungsmittel kräftigen uns. Wenn wir uns besser ernähren, bessert sich unser Gesundheitszustand. Wenn wir dagegen »schwache« Nahrung zu uns nehmen, werden wir anfälliger gegenüber Krankheiten. Vergleichen wir einen Magnolienbaum mit einer Selleriestaude, dann ist der Baum doch viel kräftiger als die kleine Staude. Und bei näherer Untersuchung werden wir feststellen, daß der Baum medizinisch wertvoller ist als die Staude. Der Magnolienbaum liefert Wirkstoffe, die das Magengewebe stärken und die weiblichen Geschlechtsorgane kräftigen. Auch der Ginseng ist eine »starke« Pflanze. Er gedeiht im kalten, kargen Bergland und kann dort über tausend Jahre alt werden. Stellen Sie sich vor, was diese enorme Vitalität für unseren Körper auszurichten vermag! (Mit dem Verzehr von Ginseng sollten Sie allerdings vorsichtig sein. Ginseng muß durch andere Heilpflanzen ergänzt werden, da er nicht nur starke Wirkungen entfaltet, sondern ebensolche Nebenwirkungen erzeugt.) In scharfem Gegensatz hierzu gedeiht beispielsweise die Karotte in gemäßigtem Klima, und ihre Lebensdauer beträgt nur etwa drei Monate. Wird sie während dieser Zeit nicht geerntet, verrottet sie und verschwindet. Kräuter vermitteln dauerhafte Stärke, während die gewöhnliche Nahrung nur vorübergehend die Kräfte mehrt.

Auch die schädlichen Keime, die in unseren Körper eindringen, schätzen die Nahrungsmittel, die wir normalerweise verzehren. So wie wir erhalten sie sich durch diese minderwertige Nahrung am Leben. Glücklicherweise ist der Nährwert von Kräutern für unseren Organismus höher als für diese Keime. Durch seine Willenskraft ist der Mensch fähig, ab und zu auch scheußlich schmeckende Kräuter zu schlucken. Die Keime hingegen haben nicht die Gabe des freien Willens und werden von Kräutern schlicht abgestoßen. Wird menschliches Blut mit Wirkstoffen aus Heilkräutern überschwemmt, hungert dies die schädlichen Keime aus, und der Organismus wird auf natürliche Weise gereinigt und geläutert. Der größte Nutzen, den wir aus einer mit heilenden Kräutern angereicherten Ernährung ziehen können, sind die reinigenden und läuternden Kräfte, welche die Kräuter über Jahre hinaus unverderblich sein lassen.

Das Tao der Heilkunst
(Symbol: *sun* = Wind)

Wie das Tao der Revitalisierung wirkt das Tao der Heilkunst harmonisierend, ausgleichend und kräftigend auf die Lebensenergie. Aber im Unterschied zu ersterem, das vor allem ein Mittel der Selbstheilung darstellt, dient das Tao der Heilkunst dazu, andere zu heilen. Das Tao der Heilkunst, chinesisch *Tui-na* genannt, ist eigentlich eine Massage der Energiebahnen oder Meridiane, welche die lebenswichtigen Funktionen unseres Organismus reguliert. Mit Hilfe der sechzehn verschiedenen Grifftechniken, die das *Tui-na* kennt, können auch innere Organe aus einer falschen in die anatomisch richtige Lage zurückgebracht werden. Diese Techniken, die die verschiedenen Teile des Körpers bearbeiten, lassen sich durch geeignete andere therapeutische Mittel ergänzen, etwa durch jedes der fünf Elemente des Universums: Erde, Metall, Wasser, Holz oder Feuer. In der westlichen Welt sind die Akupunktur (die Nadelung zur Lenkung von Energie im Körper) und die Moxibustion (Behandlung mit »brennendem Kraut«) die bekanntesten Beispiele für die Anwendung der Elemente Metall und Feuer.

Das Tao der sexuellen Weisheit
(Symbol: *li* = Feuer)

Der Taoismus war die erste Philosophie, die sich grundlegend mit der menschlichen Sexualität auseinandersetzte und die Menschen lehrte, ihre sexuelle Energie für die innere Wandlung zu nutzen. Das Tao der sexuellen Liebe lehrt uns, wie wir sexuelle Befriedigung finden können, ohne unsere Kräfte zu erschöpfen. Es erklärt, wie man die Geschlechtsorgane kräftigt und die sexuelle Energie nutzt, um spezielle Beschwerden zu heilen, und wie man das Band der Liebe stärkt. Es beschreibt verschiedene Positionen des therapeutischen Geschlechtsverkehrs und gibt sogar Auskunft über natürliche Methoden der Familienplanung und Eugenik.

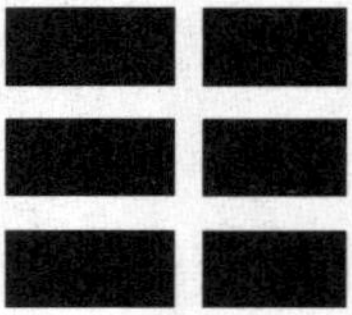

Das Tao der Selbstdisziplin
(Symbol: *k'un* = Erde)

Das Tao der Selbstdisziplin liefert uns das Rüstzeug, um uns selbst und andere Menschen zu erkennen, die äußeren Kräfte unserer Natur und unseren Zielen dienstbar zu machen und uns selbst zu bemeistern.

Die Taoisten entwickelten eine Reihe verschiedener Methoden, um die zwischenmenschlichen Beziehungen zu erleichtern und Streß zu verringern:

1. *Die Physiognomie* gibt Auskunft über Begabungen, Verhalten, Charakter und Gesundheitszustand eines Menschen. Aus einigen der 108 Punkte des Gesichts, die ein konkretes Hinweissystem bilden, kann der Erfahrene künftige Ereignisse voraussagen.

2. *Handanalyse.* Aus den Linien der Hand lassen sich die angeborene Persönlichkeitsstruktur und die gesundheitliche Konstitution eines Menschen beurteilen. Die Handlinien folgen außerdem der natürlichen Entwicklung des Charakters und der beruflichen Begabung und weisen auf angeborene Schwächen hin, die wir kennen müssen, um sie überwinden zu können.

3. *Die taoistische Numerologie* vermittelt genaue Einsichten in individuelle Lebensmuster und Lebensumstände.

4. *Die taoistische Astrologie* orientiert sich am Polarstern und ist ein wesentlich umfassenderes und wissenschaftlicheres System als die westliche Astrologie. Die taoistische Astrologie offenbart uns unser Schicksal und unsere finanziellen Aussichten. Sie beschreibt die körperlichen, geistigen und spirituellen Eigenschaften unseres künftigen Ehepartners und unserer Kinder und enthüllt alle anderen Aspekte unseres Lebens.

5. *Das Studium der unsichtbaren Wirkungen der Naturgesetze*, insbesondere der Gesetze des Elektromagnetismus. Durch gründliche Kenntnis dieser Kräfte können wir uns und alles uns Zugehörige nach den elektromagnetischen Einflüssen ausrichten, um im Einklang mit den Gesetzen der Natur zu leben und unsere Ziele leichter zu erreichen. Im Hinblick auf Gemeinschaften lassen diese Kräfte sich beispielsweise nutzen, um Streitigkeiten am Arbeitsplatz zu reduzieren und das »Klima« oder die Zusammenarbeit innerhalb einer Gruppe zu verbessern. Im modernen Japan wird dieses Prinzip in Industriebetrieben angewandt, um Arbeitsgruppen zusammenzustellen und die verschiedenen Abteilungen zu koordinieren. In westlichen Ländern spricht man von »Betriebsklima« und »Motivation« und meint das gleiche.

6. *Die Lehre von den Symbolen* beschäftigt sich mit Formen und Zeichen, die mit den Gesetzen zusammenhängen, welche den Naturereignissen zugrunde liegen. Sie kann zum Beispiel angewandt werden, um das Wetter, geschäftliche Entwicklungen oder selbstzerstörerische Gewohnheiten zu beeinflussen.

Das Tao des gestalteten Schicksals
(Symbol: *tui* = See)

Das Tao des gestalteten Schicksals zeigt die genauen Mechanismen auf, nach denen sich die bedeutendsten Ereignisse im Leben vollziehen, und die Kräfte, die diesen Ereignissen Gestalt geben. Die taoistischen Gelehrten entdeckten analytische Methoden, um diese Kräfte zu erforschen, fanden klare Modelle, um sie zu verändern, und entwickelten systematische Erfolgsstrategien, die sich an diesen Modellen orientierten. Das Tao des gestalteten Schicksals hilft Ihnen, Ihre täglichen Pflichten mit den Gesetzen des Universums in Einklang zu bringen, und dadurch wird Ihr Dasein in jeder Hinsicht erfreulicher.

Das Tao des gestalteten Schicksals ist ein machtvolles Instrument taoistischer Weisheit. Es gliedert sich in drei Teile: das Studium der Symbole und Zeichen, das Tao des Wandels, die Voraussage künftiger Ereignisse.

1. *Das Studium der Symbole und Zeichen,* in denen sich die im gesamten Universum erfolgenden unendlichen Veränderungen manifestieren: Diese Phänomene unterliegen exakten Gesetzen, die auf den Gebieten der Physik, Chemie, Biologie, Geometrie, Algebra und in anderen Zweigen der Mathematik definiert wurden.

2. *Das Tao des Wandels* oder Studium der Gesellschaftswissenschaften und der Transaktionspsychologie, dargestellt in den 64 Hexagrammen. Jedes Hexagramm besteht aus sechs Zeilen, von denen jede ein Entwicklungsstadium individueller oder kollektiver Transaktionen bedeutet. Wenn man eine bestimmte Konfiguration erkennt, kann man davon ausgehend erfolgreiche, detaillierte und genaue Strategien entwickeln, um die Ursachen von

Widrigkeiten auszuschalten. Für den, der Wohlstand, Macht, ein harmonisches Familienleben sowie gesellschaftliches Ansehen erreichen und seine Zukunft erkennen will, bedeutet das Tao des Wandels einen Schatz von hohem Wert.

3. *Die Voraussage künftiger Ereignisse* ist als I-Ging-Orakel von Raum und Zeit bekannt. Dieses System beruht auf dem Prinzip des sich unendlich drehenden Rades – das heißt, alles, was sich ereignet hat, wird sich wieder ereignen, und alles, was gerade geschieht, hat schon in irgendeiner Form stattgefunden. Die taoistischen Gelehrten nahmen bereits Albert Einsteins Erkenntnis vorweg, daß Zeit eine Illusion ist. Auch sie beschäftigten sich schon mit den Phänomenen von Raum und Zeit. Dadurch vermochten sie Ereignisse in den Grenzen unserer Zeit zu deuten. Dies ist der Schlüssel zum Wahrsagen oder zum Blick in die Zukunft.

Die acht Säulen des Taoismus decken alle Aspekte unseres alltäglichen Daseins ab. Sie sollen unsere körperlichen Grundbedürfnisse so vollkommen befriedigen, daß wir unser ganzes Potential als menschliche Geschöpfe zu verwirklichen vermögen. Nur dann können wir den zerstörerischen Aspekt der Zeit besiegen und mit dem Tao leben, das heißt: mit Gott.

2. Übergewicht

Die Folgen von Übergewicht

Niemand braucht übergewichtig oder untergewichtig zu sein. Tatsächlich besteht aus der Sicht des Taoismus, der über sechstausend Jahre alten chinesischen Philosophie und Wissenschaft vom Leben, kein grundlegender Unterschied, ob jemand übergewichtig oder untergewichtig ist. In beiden Fällen äußert sich darin ein mangelndes inneres Gleichgewicht des Menschen. Nach taoistischer Lehre hat jedes Wesen im Universum seinen eigenen Mittelpunkt, und alle Teile eines Wesens sollten sich mit seinem Mittelpunkt im Gleichgewicht befinden. Ein Aspekt dieses Gleichgewichts ist bei menschlichen Wesen das Körpergewicht. Je nach Körpergröße, Knochenbau, Konstitutionstyp und anderen Faktoren hat jeder Mensch sein individuell richtiges Körpergewicht. Falls Sie das richtige Gewicht über- oder unterschreiten, ist Ihr inneres Gleichgewicht gestört. Und da der Mensch mehr ist als nur ein physischer Körper, bedeuten Gewichtsprobleme stets auch, daß die spirituelle und geistige Balance fehlt.

Infolge der Ernährungs- und Lebensweise in den westlichen Ländern ist in unserer Gesellschaft Übergewicht die häufigere Gewichtsstörung. Es kommt mehr oder weniger ausgeprägt vor, von leichtem Übergewicht bis hin zu schwerer Fettsucht. Vielleicht finden Sie, daß es auf ein paar zusätzliche Pfunde nicht ankomme. Doch diese paar Pfunde sehen schon ganz anders aus, wenn Sie bedenken, daß wir für jeden zusätzlichen Zentimeter Fettschicht zusätzliche 2,5 Kilometer Blutgefäße benötigen, um dieses Fettgewebe zu ernähren. Und das zwingt Ihr Herz, schwerer zu arbeiten, um das Blut bis in die entferntesten Kapillaren zu pumpen. Fünf Zentimeter Fett erfordern über zwölf Kilometer, acht Zentimeter bereits gut zwanzig Kilometer zusätzliche Gefäßstrecke – unvorstellbare zwanzig Kilometer mehr, durch die Ihr Herz Blut pumpen muß. Das verlangt vom Herzen eine enorme Mehrleistung. Diese übermäßige Belastung schwächt mit der Zeit das Organ und führt schließlich zu seinem Zusammenbruch.

Sie können das mit einem Auto vergleichen. Wenn Sie Ihr Auto überladen und es über längere Zeit mit Überlast fahren, geht irgendwann der Motor zu Bruch. Ist das Herz – Ihr Motor – chronisch überlastet, erweitert es sich zunächst. Die Herzmuskelfasern werden weich und schwellen an. Das Herz schlägt nicht mehr mit der Kraft, die es früher hatte. Es wird schwächer und gleichzeitig anfälliger für Krankheitserreger, wie Viren, Bakterien und andere Mikroorganismen, die den geschwächten Herzmuskel angreifen und eine Entzündung verursachen. Im Falle eines Herzinfarktes, auch ohne tödlichen Ausgang, stirbt ein Teil des Herzmuskelgewebes ab, das heißt, ein Teil des Herzens wird funktionsunfähig. Bei einem weiteren Infarkt stirbt wieder ein Stück Herzmuskel ab. Dadurch wird das funktionstüchtig gebliebene Restherzgewebe noch stärker belastet, es muß noch schwerer arbeiten, um den Blutkreislauf in Gang zu halten. Glücklicherweise wissen wir dank der über tausendjährigen Erfahrung der taoistischen Medizin um Heilpflanzen, deren Wirkstoffe die Herzzellen regenerieren können. Allerdings sollten Sie gar nicht auf diese Heilpflanzen zurückgreifen müssen, denn es besteht kein Grund, übergewichtig zu sein.

Eine weitere Folge von Übergewicht ist der Bluthochdruck, da die Arterienwände verkalken. Normalerweise verschreibt der Arzt dann Tabletten, die den erhöhten Blutdruck senken. Das gelingt ihnen auch. Tatsächlich bewirken sie, daß sich die Arterien weiter stellen, so daß das Blut ungehinderter durch die Gefäße fließen kann. Das Herz muß aber trotzdem so schwer arbeiten wie zuvor – und das wird vom Blutdruckmeßgerät nicht erfaßt –, weil die eigentliche Ursache, die Wasserretention (das Zurückhalten von Wasser im Körper), nicht beseitigt wird. Die Pillen helfen dem Motor, nicht aber dem übrigen Körper. Außerdem schwächen Medikamente gegen den Bluthochdruck die Nieren. Das hat eine Wasserretention zur Folge, welche die Blutzirkulation blockiert, dies schwächt wiederum Herz und Blutgefäße und steigert den Blutdruck. Um die

Nierenfunktion zu fördern, wird der Arzt Diuretika, das sind harntreibende Mittel, verschreiben. Nun bewirken aber Diuretika gerade das Gegenteil von dem, was der Arzt sich erhofft: Sie schwächen die Nieren noch mehr, führen zu vermehrter Wassereinlagerung und zu einem Mangel an Kalium, der erhöhten Blutdruck zur Folge hat. Ein Teufelskreis beginnt, bei dem die Therapie ein weiteres Problem schafft und die Krankheit schließlich verschlimmert, die das Medikament eigentlich kurieren sollte. Und das alles geschieht in Ihrem Körper, auf Kosten Ihrer Gesundheit.

Auch Gallensteine können eine Folge von Übergewicht sein. Sie bestehen meist aus hartem, getrocknetem Fett – von fast gummiartiger Konsistenz – und sind schwer löslich. Außerdem fördert Übergewicht die Anfälligkeit für Hypoglykämie (Unterzuckerung) und Diabetes, die beide durch eine schwache Bauchspeicheldrüse bedingt sind. Fettsucht schwächt dieses Organ.

In China gelten die meisten durch Fettsucht hervorgerufenen Krankheiten als »Krankheiten der Reichen«, im Westen sprechen wir von »Wohlstandskrankheiten«. Denn Fettsucht und die mit ihr auftretenden gesundheitlichen Probleme und Leiden sind Folgen materiellen Wohlstands. Diese Probleme lassen sich aber durchaus vermeiden. Man kann sehr wohl in einer Gesellschaft wie der unseren leben, sich ihrer Segnungen erfreuen und dennoch die Krankheiten vermeiden, die durch zu üppiges Essen verursacht werden. Wenn dies gelingen soll, müssen wir zunächst genau wissen, wie Fettsucht zustande kommt, um dann zu lernen, wie wir sinnvoll abnehmen. In den folgenden Kapiteln werden Sie alle Informationen erhalten, die Sie zu beiden Fragestellungen brauchen, damit Ihr Körper gesund und innerlich ausgeglichen ist und Sie ein langes, erfülltes Leben führen können, wie Sie es verdienen.

Acht Ursachen von Gewichtsproblemen

Selbstvergiftung

Wenn die Nahrung, die Sie zu sich nehmen, nicht den richtigen pH-Wert hat – man nennt das auch Säure-Basen-Gleichgewicht –, entstehen bereits im Magen Fäulnisprozesse, bevor der anschließende Verdauungstrakt die Chance bekommt, die Nahrung zu verdauen und die Nährstoffe zu absorbieren. Mit anderen Worten: Bevor Ihr Organismus gefüttert wird, können sich zuerst im Magen vorhandene schädliche Mikroorganismen an Ihrem Essen laben. Sie verdauen es und hinterlassen Ihnen den Abfall. Zu diesem Abfall gehören Gase, die Ihnen in Form von Mundgeruch, Aufstoßen, Blähungen oder Magenschmerzen Unannehmlichkeiten bereiten, ferner feste, in bezug auf den Nährwert für den Körper wertlose Nahrungsbestandteile. Das bedeutet, daß Sie die Nährstoffe, auf die Ihre Zellen angewiesen sind, nicht erhalten, daß die Zellen in der Folge geschwächt werden, diese Abfallprodukte – Gifte im wörtlichen Sinn – nicht abtransportiert und so schließlich alle Zellen des Körpers vergiftet werden. Die einzige Möglichkeit, dieser Art von Selbstvergiftung vorzubeugen, besteht darin, sich ausgewogen zu ernähren, denn der richtige pH-Wert wirkt wie ein natürliches Konservierungsmittel und verhindert, daß die Nahrung in Ihrem Magen sich zersetzt, fault und verdirbt. Ausführlichere Information zum Thema »Säure-Basen-Gleichgewicht« findet sich im vierten Kapitel.

Wasserretention

Die Nieren sind komplizierte Organe, die in Wasser gelöste Stoffwechselprodukte aus dem Blut filtern. Wieviel Wasser die Nieren filtern können, hängt unter anderem davon ab, wie funktionstüchtig sie sind. Gesunde Nieren produzieren täglich einen bis eineinhalb Liter Urin. (Wenn viel getrunken wird, bilden sie mehr Urin; dafür müssen sie entsprechend mehr arbeiten, was vorgeschädigte Nieren weiter schwächen kann.)

Wenn Ihre Nieren normal funktionieren, hat Ihr Flüssigkeitsbedarf etwa die gleiche Größenordnung, denn Sie müssen auffüllen, was ausgeschieden wurde. Wenn Sie mehr trinken, als Ihre Nieren verkraften können – beim Durchschnittserwachsenen sind das 20 bis 45 Milliliter Flüssigkeit pro Kilogramm Körpergewicht und Tag –, bleibt das Wasser in Ihrem Körper. Es gelangt wieder ins Blut und wird beispielsweise bei körperlicher Anstrengung über die Haut ausgeschwitzt. Falls Sie jedoch wenig Gelegenheit zum Schwitzen haben (kalte Witterung, Mangel an Bewegung und dergleichen), wird das Wasser im Unterhautgewebe festgehalten. Während sich immer mehr »Abwasser« an bevorzugten Stellen ansammelt, dehnt sich dort das Gewebe, um noch mehr Wasser einlagern zu können. Und dort konzentrieren sich natürlich auch Stoffwechselprodukte und die entsprechenden Toxine. Diese Ansammlung von Abwasser kann einen Tag, einen Monat oder gar länger als ein Jahr an Ort und Stelle verbleiben. Nach einiger Zeit verdickt es sich zu schleimartiger Konsistenz. Nach wie vor handelt es sich um Abwasser, allerdings eingedickt. Die meisten werden glauben, sie hätten Fett angesetzt. Doch es handelt sich nur um Schleim, der zwischen den Gewebezellen eingelagert ist. Ist die schleimige Substanz einigermaßen hart geworden, zählen wir diese Erscheinung zur *Zellulitis*. Auch tierische Fette, wie Butter und Speck, sind an der Entwicklung einer Zellulitis beteiligt. Allein durch körperliches Training und kräftiges Schwitzen werden Sie eine Zellulitis nicht los – nur »frisches« Wasser läßt sich ausschwitzen. Ein erfolgversprechender Weg hingegen ist:

- Nicht zuviel trinken – bleiben Sie innerhalb des oben genannten Tagesbedarfs. Im Zweifelsfall fragen Sie Ihren Arzt um Rat.
- Die Zellulitis an Ort und Stelle gezielt behandeln, vorzugsweise in der Sauna oder im heißen Bad.

Das Geheimnis der erfolgreichen Zellulitisbehandlung ist »kräftiges Aufwärmen und Abbauen« der Zellulitisdepots. Je tiefer Sie die betroffenen Stellen massieren, desto mehr Ablagerungen werden mobilisiert und eliminiert. Durch Erwärmen werden außerdem die Poren der Haut geöffnet, so daß verstärkt geschwitzt wird.

Übrigens meine ich mit zulässiger beziehungsweise empfohlener Flüssigkeitszufuhr alle Getränke, also auch Bier, Wein, Tee, Kaffee, Milch, Säfte, »flüssige« Suppen. Wenn Sie beispielsweise zwei Suppentassen Bouillon zu sich nehmen, können Sie natürlich nicht behaupten, Sie hätten nichts getrunken. Auch aus einer Brühe kann Wasser im Körper zurückgehalten werden.

Hier das Beispiel eines meiner übergewichtigen Patienten: Er aß nur eine richtige Mahlzeit am Tag. Ansonsten trank er riesige Mengen Limonade und Fruchtsaft. Er hatte keine Ahnung, wieviel Liter Flüssigkeit er tatsächlich in sich hineinschüttete. Da er fast ausschließlich von Säften lebte, war er schlecht ernährt, sehr geschwächt, fühlte sich ständig schwindlig, litt unter Herzjagen und Atemnot und hatte Gicht! (Die chinesische Medizin lehrt, daß Gicht die Manifestation einer Nierenerkrankung ist.) Mein Patient litt auch unter erhöhtem Blutdruck. Jahrelang hatte er diese Beschwerden gehabt, ohne je auf den Gedanken gekommen zu sein, daß seine Symptomatik mit der »gesunden« Saftdiät zusammenhängen könnte.

Manche Leute gehen in ein Restaurant, bestellen sich einen großen Salatteller und ein Glas Wasser und beglückwünschen sich zu ihrer Selbstdisziplin. Sie glauben, davon würden sie abnehmen. Doch das ist Selbstbetrug. Es besteht die Möglichkeit, daß ihre Nieren nicht hundertprozentig funktionieren, und dann wird im Körper um so mehr Wasser zurückgehalten, je mehr sie trinken. Je mehr Flüssigkeit sie also, auch durch den Salat, zu sich nehmen, desto größer ist die Gewichtszunahme.

Wie gut Ihre Nieren funktionieren, können Sie nach der folgenden Anleitung herausfinden:

○ Falls Sie Zellulitis haben, steht für die taoistische Medizin außer

Frage, daß Ihre Nieren nicht hundertprozentig funktionstüchtig sind, denn sie halten ja Flüssigkeit zurück. Eine Zellulitis stellen Sie fest, indem Sie untersuchen, ob sich in der Region um das Gesäß, die Hüften, den Bauch und die Oberarme die typische »Orangenhaut« gebildet hat (Kneifversuch).

- Wenn Sie rasch zunehmen oder abnehmen – das heißt, wenn Sie innerhalb von ein bis zwei Tagen bis zu zwei Kilogramm zulegen oder loswerden –, handelt es sich bei diesen Gewichtsschwankungen bestimmt nicht um Fett, sondern um Wasser. So schnell kann kein Fettgewebe sich bilden oder schmelzen.
- Wenn Sie einen Finger kurz und fest gegen den Arm oder das Bein drücken und anschließend eine weiße Delle sehen, die nicht sofort verschwindet, zeugt das von einer Wasserretention. Falls sich kein Wasser im Unterhautgewebe angesammelt hat, entsteht entweder keine weiße Delle, oder eine etwaige Delle verschwindet sofort. Je länger aber eine solche Delle sichtbar bleibt, desto massiver ist die Wassereinlagerung.
- Wenn ein Arzt Gewichtsprobleme auf eine Wasserretention zurückführt, wird er auch heute leider immer noch gern ein Diuretikum verordnen, ein harntreibendes Mittel. Ich nenne das »einen müden Gaul antreiben«! Warum? Weil Ihre Nieren (der Gaul) bereits »müde« sind, deswegen halten sie nämlich Wasser zurück. Und wenn Sie harntreibende Pillen einnehmen, werden die erschöpften Nieren nur noch mehr angetrieben. Von einem Tag zum anderen können Sie dann zwar zehn Pfund verlieren. Das Problem ist aber, daß Sie mehr trinken müssen, um diese Pillen wieder auszuschwemmen. Daher wird der Arzt Ihnen raten, reichlich zu trinken, um die Nieren zu aktivieren und zu spülen. Das Ergebnis ist, daß Sie mehr Wasser aufnehmen (und schließlich speichern), als Sie ausscheiden. Und dabei müssen Ihre Nieren noch schwerer arbeiten; das schwächt sie und läßt sie funktionsuntüchtig werden. Schließlich wird die Überlastung zu einer Erkrankung der Nieren bis hin zum Nierenversagen führen. In den westlichen Ländern wird relativ viel getrunken. Mich wundert daher nicht, daß Nierenkrankheiten entsprechend

häufig vorkommen. Da Sie nun aber die Zusammenhänge kennen, können Sie aus diesem Muster ausbrechen und gesund bleiben, indem Sie vernünftige Trinkgewohnheiten praktizieren.

Fettspeicher

Fette stehen in einem Zusammenhang mit den Funktionen der Bauchspeicheldrüse und der Leber sowie der Gallenblase. Die Leber ist das wichtigste Organ zum Filtern fester Stoffwechselprodukte. Da die Gifte und Toxine in unserem Körper in fester Form vorhanden sind, müssen sie gleitfähig werden, um sich abtransportieren zu lassen. Für diese Gleitfähigkeit sorgen die Fette, deshalb benötigen wir auch Fett in unserer Ernährung.

Problematisch wird es erst, nachdem die Fette in die Blutbahn absorbiert wurden und zur Leber gelangen. Handelt es sich um große Fettmengen oder um Fette, die nicht leicht abbaubar sind, so verstopfen diese das Lebergewebe und beeinträchtigen die speziellen Funktionen der Leber. Da die Leberfunktion teilweise blockiert ist, werden weniger Stoffwechselprodukte herausgefiltert. Dies führt letzten Endes zu einer Vergiftung des Gehirns und der Nervenzellen durch Toxine, die das Blut mit sich führt, und hat Störungen der nervösen und geistigen Funktionen zur Folge – und das sind nur einige der Auswirkungen einer schlechten Leberfunktion.

Fett kann außerdem an bestimmten, wenig bewegten Stellen des Körpers deponiert werden, so am Bauch und an den Hüften. Ist dieser Prozeß erst einmal in Gang gekommen, wird immer mehr Fett gespeichert. In der Folge wird der Betroffene kurzatmig, er schnauft und atmet flach. Die Fettansammlung stört auch die Herzfunktion: Es kommt zu schnellen und unregelmäßigen Herzschlägen oder Herzflimmern, der Puls setzt aus. Der Puls kann aussetzen, wenn der Herzmuskel verfettet oder das Blut zu dick ist, um gleichmäßig zu fließen. Alle diese Probleme entstehen durch Ansammlung von Fett.

Da Fette in der Ernährung für uns aber unentbehrlich sind, stellt sich die Frage: Welche Fette sollen wir essen? Tierische Fette verarbeitet die Leber am schwersten. Dies gilt vor allem für Fett vom Rind, einschließlich der Butter, weil unser Körper es nicht richtig metabolisiert. Wenigen Menschen ist bewußt, daß Margarine noch schlimmer ist. Bei deren Herstellung werden die Fette stark erhitzt, so daß in einem chemischen Umwandlungsprozeß gesättigte (= gehärtete) Fette entstehen, deren Struktur bei normaler Körpertemperatur nicht aufgebrochen werden kann.

Pflanzenöle sind wegen ihres Gehaltes an ungesättigten Fettsäuren am besten geeignet, den Bedarf an Fett zu decken. Besonders günstig sind Walnußöl, Sojaöl, Sesamöl, Weizenkeimöl, Olivenöl und Leinöl. Öle sollten beim Kochen nicht zu stark erhitzt werden, weil die ungesättigten gesunden dadurch zu gesättigten ungesunden Fetten werden.

Falls Sie keine Wahl haben und mehr (tierisches und pflanzliches) Fett verzehren müssen, als nötig ist, können Sie das Problem etwas entschärfen, indem Sie starken schwarzen Tee trinken. Es sollte ein kräftiger Tee sein, der das überflüssige Fett durch seine Inhaltsstoffe (Gerbsäure) ausschwemmt. Vor einigen hundert Jahren komponierten taoistische Gelehrte für diesen Zweck einen speziellen Tee aus Blütenblättern einer bestimmten Chrysanthemum-Art (fettlösende Wirkung) und Blüten einer Geißblattart (antibiotische Wirkung). Diesen Tee genießen taoistische Gelehrte noch heute regelmäßig zu den Mahlzeiten.

Nerven

Nahrungsmittelallergien entstehen, wenn das Immunsystem des Körpers auf ein bestimmtes Nahrungsmittel oder den Bestandteil eines Nahrungsmittels übermäßig stark antwortet. Falls Sie auf irgendeine Art von Nahrungsmittel allergisch reagieren, können Sie es nicht verdauen. Wenn Sie es nicht verdauen können, wird es

»giftig« für Sie. Dieses (für Sie) giftige Nahrungsmittel trägt mit zu Ihrem Gewichtsproblem bei (siehe vorher unter Selbstvergiftung auf Seite 36). Auch Nahrungsmittel, die Sie besonders gerne essen, können für Sie unverträglich sein, deswegen ist besondere Vorsicht angebracht.

Eine weitere nervlich bedingte Ursache von Fettsucht sind Eßgewohnheiten aufgrund innerer Unruhe. Beispielsweise kennt man den Typ des Phlegmatikers, der sich zu nichts aufraffen kann. Er oder sie sitzt einfach da und denkt an die Dinge, die erledigt werden müßten. Natürlich wird gar nichts erledigt. Die Betreffenden bekommen Schuldgefühle wegen ihrer Unterlassungssünden und werden nervös. Sie rühren sich nicht, stopfen aber ständig Essen in sich hinein, um die Schuldgefühle über ihre Trägheit zu verdrängen. Es ist ein Teufelskreis. Je elender sie sich fühlen, desto mehr futtern sie, desto schwerer fällt es ihnen, irgend etwas zu tun, und desto elender fühlen sie sich. Die einzige Lösung besteht darin, etwas zu tun. Irgend etwas; irgendeine Beschäftigung aufzunehmen, die sie in Gang hält. Zuerst aber müssen sie all die geistigen Hürden überwinden, die Ausreden, warum sie dieses und jenes nicht erledigen können. Es ist nicht leicht, wenn man in einer solchen Situation steckt, und ebensowenig, wieder aus ihr herauszufinden.

Sexuelle Frustration

Für Frauen hängt die sexuelle Befriedigung vom Mann ab. Trotz aller Theorien und des unbestrittenen Wertes der Frauenemanzipation ist die echte sexuelle Befriedigung der Frau physiologisch an den Mann gebunden. Nach taoistischer Lehre muß die Frau neun Stufen durchlaufen, bis sie einen wirklichen Höhepunkt erreicht. Ist der Mann außerstande, die Frau durch diese Stadien zu begleiten, wird sie nicht befriedigt. (Auch allein gelingt ihr dies nicht.) Und je unbefriedigter sie ist, desto nervöser wird sie. Und je nervöser sie wird, desto mehr ißt sie.

Die folgende Übersicht beschreibt die einzelnen Stadien, die für vollkommene sexuelle Befriedigung zu durchlaufen sind.

Stadium	*Affinität*	*Physiologische Reaktion*
eins	Lunge	Die Frau seufzt, atmet schwer und bildet mehr Speichel.
zwei	Herz	Die Frau küßt den Mann und liebkost ihn mit ihrer Zunge. Nach *Su Wen,* dem klassischen medinizischen Lehrbuch des Gelben Kaisers, entspricht die Zunge dem Herzen.
drei	Milz, Pankreas, Magen	Die Muskeln der Frau werden aktiviert, sie umarmt den Mann fest.
vier	Nieren, Harnblase	Die Frau spürt leichte Kontraktionen der Scheide und wird feucht.
fünf	Skelett	Die Gelenke werden locker, die Frau beginnt den Mann zu beißen.
sechs	Leber, Nerven	Die Frau schlängelt und windet sich und versucht den Mann mit Armen und Beinen ganz zu umschlingen.
sieben	Blut	Das Blut der Frau »kocht«. Ekstatisch versucht sie, den Mann ganz zu umklammern.
acht	Muskeln	Völlige Muskelerschlaffung. Die Frau beißt noch mehr, saugt an den Brustwarzen des Mannes.
neun	der ganze Körper	Die Frau kollabiert, ihr Bewußtsein ist getrübt. Sie unterwirft sich und ergibt sich dem Mann völlig.

Um eine Frau vollkommen zu befriedigen, muß der Mann sie durch alle neun Stadien führen. Die meisten Männer gehen aber nur bis zum vierten Stadium, dann rollen sie sich auf die Seite und schlafen ein. Viele Männer und sogar viele Frauen halten die Scheidenkontraktionen der vierten Stufe fälschlich für einen Orgasmus. Doch wie Sie jetzt wissen, ist das allenfalls der Beginn. Leider vertreten die meisten Aufklärungsbücher über Sexualität die erste Auffassung und verwechseln die deutliche Reaktion auf der vierten Stufe mit einem totalen Orgasmus. So bleibt die Frau auf halber Strecke gefangen. Sie kann weder »zum Himmel schweben« noch »zur Erde zurückkehren«. Auch die Masturbation kann ihr nicht das umfassende seelische Erlebnis der letzten fünf Stufen vermitteln. Sie wird also eine unruhige Nacht verbringen. Morgens weckt ihr Mann sie und bittet sie, das Frühstück zuzubereiten. Sie fordert ihn auf, das selbst zu tun, sie habe Kopfschmerzen. So sind beide schon morgens verärgert und bleiben den ganzen Tag über gereizt. Schließlich trennen sie sich. Inzwischen leidet sie unter nervösen Spannungen und ißt ständig zuviel. Und am Ende hat sie außerdem noch Gewichtsprobleme.

Zuviel essen, zuviel trinken

Diese neurotischen Reaktionen können auf einer seelischen Programmierung in der Kindheit beruhen. Die meisten Erwachsenen wurden als Kinder zum Essen und Trinken ermuntert oder gar gezwungen: »Iß, iß!« und »Trink noch was!« sagten die Eltern, die ja ihre Kinder liebten und wollten, daß sie »groß und stark« würden. Überzeugungen und Meinungen der Eltern sickern in das Unterbewußtsein des Kindes ein. Als es heranwächst, fühlt es sich schuldig, wenn es nicht genug ißt oder konsumiert. Und so entwickelt es die unbewußte Gewohnheit, mehr und immer noch mehr zu essen und zu trinken. Die Folge: Fettsucht.

Physiognomischer Typ

Nach taoistischer Lehre entsprechen den fünf Elementen – Metall, Erde, Holz, Wasser und Feuer – fünf physiognomische Menschentypen, die sich durch folgende Merkmale auszeichnen:

Physiognomischer Typ	*Merkmale*
Metall 	charismatisch, intelligent, anmutig, prägnante Gesichtszüge, selbstsicher, nachsichtig mit sich selbst, egoistisch, oberflächlich
Erde 	praktisch, genügsam, dickfellig, geschäftstüchtig, kräftige und straffe Muskulatur

Holz

eigensinnig, dünn und knochig, tiefsinnig, anspruchsvoll, gemächlich, berechenbar

Wasser

flexibel, unbeständig, gewitzt, kritisch, scheinbar leichtlebig, weiches Gewebe mit Neigung zu Wasserretention

Feuer

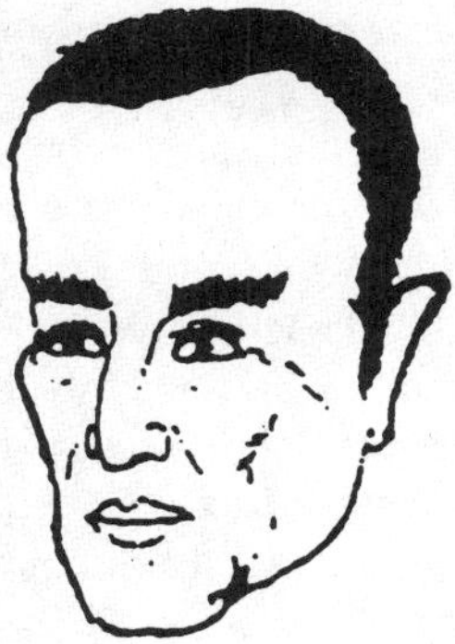

temperamentvoll, nervös, vorwärtsstürmend, sehr gescheit, kreativ, begabt.

Abb. 2: Die physiognomischen Typen und ihre Merkmale

Die beiden physiognomischen Typen Erde und Wasser wirken am ehesten übergewichtig. Für diese Personen ist das aber der Normalzustand. Wenn sie sich durch Diät und Sport eine andere Figur anquälen, sind sie weder glücklich noch mit sich zufrieden, da sie seelisch und körperlich aus dem Gleichgewicht geraten sind. Neuere Untersuchungen haben bestätigt, daß für manche übergewichtige Individuen das Übergewicht »normal« ist und ein Gewicht unterhalb dieser persönlichen Norm sie seelisch und körperlich beeinträchtigen kann. Für einige andere Menschen wiederum ist es »normal«, wenn sie sehr mager sind. Das ist der physiognomische Typ Holz. Unabhängig vom physiognomischen Typ kommt es darauf an, sich einen Zustand individueller Normalität oder Ausgeglichenheit zu erhalten, denn das ist die Grundlage von Gesundheit, Glück, Zufriedenheit und Langlebigkeit. Und diesem Ziel sollen die Theorien über eine ausgewogene Ernährung Sie entgegenführen.

Gesundheitliche Probleme

Herzleiden, Funktionsstörungen der Schilddrüse, Erkrankungen der Bauchspeicheldrüse, der Nebennieren und der Thymusdrüse – alle diese Zustände können Fettsucht zur Folge haben. Bevor man das Gewicht reduziert, müssen die Ursachen der genannten Krankheiten und Beschwerden beseitigt werden.

Zu Übergewicht können auch Arzneimittel wie Kortison, Aspirin® und andere Substanzen beitragen, die zur Schmerzlinderung bei rheumatischen Erkrankungen, bei Bronchitis oder bei Asthma eingesetzt werden. Tatsächlich ist die Gewichtszunahme eine häufige Nebenwirkung derartiger Medikamente. Zunächst einmal sind Präparate wie etwa Aspirin® selbst sauer. Außerdem bewirken sie, daß der Magen mehr Säure produziert. Da Hungergefühl auftritt, nachdem die Magensäfte die Nahrung im Magen zersetzt haben, ist man um so hungriger, je mehr Magensäure produziert wird. Je größer der Hunger, desto mehr ißt man, um ihn zu stillen. Und allmählich wird das Essen zur Sucht.

Anmerkung: Kortison und andere Medikamente, die zur Behandlung der oben genannten Krankheiten verwendet werden, können die Nieren und andere Organe schädigen, indem sie zu funktionellen Störungen dieser Organe führen. Ist die Nierenfunktion unzureichend, lagert sich Wasser im Körper ab, und der Prozeß, der zu Übergewicht führt, beginnt erneut.

ZWEITER TEIL

3. Die sieben taoistischen Wege zur Gewichtsabnahme

Wir wissen jetzt, wie es zu Übergewicht kommen kann. Im folgenden wird uns beschäftigen, wie wir Übergewicht wieder loswerden können – und zwar auf zuverlässige, gesunde und gemächliche Art, nach Verfahren, die sich seit mehr als sechstausend Jahren bewährt haben.

Selbstdisziplin

Wenn Sie gesund bleiben und das richtige Gewicht halten wollen, müssen Sie disziplinierte Eßgewohnheiten einüben.

Essen Sie regelmäßig drei Hauptmahlzeiten am Tag, und zwar zu bestimmten Zeiten. Auf diese Weise werden Sie nie zuviel essen.

Wenn Sie täglich drei Hauptmahlzeiten zu sich nehmen, ist Ihr Magen nie ganz leer, so daß Sie sich bei der nächsten Mahlzeit bestimmt nicht vor lauter Hunger überessen. Es wird zwar einige Tage dauern, bis Sie diese neue Eßgewohnheit eingeübt haben, aber die Mühe lohnt sich. Halten Sie feste Essenszeiten ein. Wenn um acht Uhr Frühstückszeit ist, dann frühstücken Sie um acht. Wenn um zwölf Uhr Mittagspause ist, dann essen Sie um zwölf zu Mittag. Und wenn die Zeit für das Abendessen abends um sechs Uhr ist, so essen Sie pünktlich um sechs. *Lassen Sie keine Mahlzeit aus* – denn nichts ist wichtiger, als die festen Essenszeiten einzuhalten.

Förderung des Stoffwechsels durch Heilpflanzen

Kombinationen von Heilkräutern können angewandt werden, um den Stoffwechsel zu beschleunigen. Der Stoffwechsel wird von der Schilddrüse reguliert, die spezielle Nährstoffe benötigt, um gesund zu bleiben und richtig zu funktionieren. Algen (Seetang) liefern die Nährstoffe, auf die die Schilddrüse angewiesen ist, in reichem Maß. Kräuter, die für ihre Fähigkeit bekannt sind, den Stoffwechsel, die Durchblutung und Entgiftung zu verbessern, sind: Bupleurum (Hasenohr), Pinellia (Aronstabgewächs), Scutellaria (Helmkraut), Paeonia (Pfingstrose), Zizyphus (Jujube, Brustbeerbaum), Rheum (Rhabarber), Zingiber (Ingwer) und Gardenia (Gardenie). Beachten Sie bitte: Alle Heilpflanzen müssen als Kombination verwendet werden. Einzeln verwendet können die Heilpflanzen unerwünschte Nebenwirkungen erzeugen.

Um zu bestimmen, welche Heilpflanzenkombinationen am besten sind, sollten Sie sich von einem einschlägig erfahrenen Arzt oder Heilpflanzenexperten beraten lassen. Die individuell indizierte Rezeptur richtet sich nach der Ursache des Über- oder Untergewichts.

Nachstehend finden Sie bewährte Heilpflanzenrezepturen.

Entgiftungstee BP-404

Zusammensetzung	*Affinität*	*Energiemerkmal*	*Geschmacksqualität*
Bupleurum	Leber, Gallenblase	kalt	bitter
Pinellia	Milz/Pankreas, Magen	warm	scharf
Poria	Herz, Lunge, Niere, Milz/Pankreas	neutral	süß
Cinnamomum	Lunge, Herz, Blase	heiß	süß, scharf
Scutellaria	Herz, Lunge, Gallenblase, Dickdarm, Dünndarm	kalt	bitter

Zizyphus	Milz/Pankreas, Magen	warm	süß
Zingiber	Lunge, Milz/ Pankreas, Magen	warm	scharf
Panax (Ginseng)	Lunge, Milz/ Pankreas	warm	süß
Drachenknochen	Leber, Herz, Niere	neutral	süß
Auster	Leber, Niere	kalt	salzig
Rheum	Milz/Pankreas, Magen, Dickdarm, Leber, Herzkonstriktor	kalt	bitter

Wirkung: Die Kombination dieser Ingredienzen stärkt die Leber und ist wirksam bei Müdigkeit, Herzklopfen, Schlaflosigkeit, Bettnässen, Haarausfall, Impotenz, Nervenschwäche (Neurasthenie), Entzündung der Prostata und Verdauungsschwäche. Sie unterstützt auch die Entwöhnung von Rauchern, Drogenabhängigen und Alkoholkranken und fördert die Regulation des Körpergewichts.

Schlankheitstee WD-307

Zusammensetzung	*Affinität*	*Energiemerkmal*	*Geschmacksqualität*
Bupleurum	Leber, Gallenblase	kalt	bitter
Pinellia	Milz/Pankreas, Magen	warm	scharf
Scutellaria	Herz, Lunge, Gallenblase, Dickdarm, Dünndarm	kalt	bitter
Paeonia	Leber, Milz/Pankreas, Magen	kalt	sauer, bitter
Zizyphus	Milz/Pankreas, Magen	warm	süß
Chih-shi	Dickdarm, Lunge	kalt	bitter

Zingiber	Lunge, Milz/Pankreas, Magen	warm	scharf
Rheum	Milz/Pankreas, Magen, Dickdarm, Leber, Herzkonstriktor	kalt	bitter

Chih-shi läßt sich eventuell durch qian niu zi (Blaue Winde, Pharbitis nil) ersetzen.

Wirkung: Diese Kombination ist geeignet, die Verdauung zu regulieren, den Stoffwechsel zu verbessern und Blutandrang zu beseitigen, Bluthochdruck, erhöhte Cholesterin- und Lipidkonzentrationen im Blut zu senken und die Blutfette abzubauen. Der Tee hat sich zur Vorbeugung und Behandlung der Fettsucht bewährt und ist bei Verstopfung angezeigt. Bei Durchfall ist der Tee kontraindiziert.

Blasen- und Nierentee WD-302

Zusammensetzung	*Affinität*	*Energiemerkmal*	*Geschmacksqualität*
Alisma	Niere, Blase	kalt	süß
Polyporus	Niere, Blase	neutral	süß
Poria	Herz, Lunge, Niere, Milz/Pankreas	neutral	süß
Atractylodes	Milz/Pankreas, Magen	warm	süß, bitter
Cinnamomum	Lunge, Herz, Blase	warm	süß, scharf

Wirkung: Dieser Tee wird angewandt, um Niere und Blase zu stärken und den Stoffwechsel zu fördern. Er ist sehr wirksam bei Wasserretention und bei Zellulitis. Er reguliert den Hormonspiegel und senkt den Blutdruck. Außerdem wirkt er entgiftend und mildert Kopfschmerzen, Menstruationsbeschwerden, Hautprobleme, Haarausfall und Augeninfektionen.

Regenerationstee WD-301

Zusammen-setzung	*Affinität*	*Energie-merkmal*	*Geschmacks-qualität*
Rehmannia	Herz, Leber, Niere	kalt	süß
Cornus	Leber, Niere	warm	sauer
Dioscorea	Herz, Milz/Pankreas, Blase	neutral	süß
Alisma	Niere, Blase	kalt	süß
Poria	Herz, Lunge, Niere, Milz/Pankreas	neutral	süß
Paeonia	Herz,Leber, Niere	kalt	bitter, scharf
Cinnamomum	Lunge, Herz, Blase	heiß	süß, scharf
Aconitum	Herz, Niere,	heiß	süß, scharf

Wirkung: Diese interessante Heilpflanzenkombination, die in Ostasien heute noch zur Diabetesbehandlung genutzt wird, wurde vor 2500 Jahren für den Kaiser Han Wu-ti entwickelt, der an dieser Krankheit litt. Die Geschichte der chinesischen Medizin liefert bereits im siebten Jahrhundert schriftliche Hinweise auf Diabetes, etwa tausend Jahre früher als im Westen.

Diese Rezeptur reguliert den Blutzuckerspiegel und regeneriert die Bauchspeicheldrüse, sie ist wirksam bei Nierenbeschwerden, Nierensteinen, Blaseninfektion, Entzündungen der Nieren oder der Prostata, Katarakt (grauem Star), Ohrgeräuschen und Impotenz. Sie stillt Blutungen und senkt erhöhten Blutdruck.

Japanische Ärzte erzielten mit der Rezeptur phantastische Ergebnisse bei grauem Star alter Menschen. Der japanische Arzt SIGENARI OGURA zum Beispiel begann 1957, Katarakte bei alten Menschen mit dieser Rezeptur zu behandeln. Er publizierte seine Ergebnisse von 41 Fällen. Bei 68 (83 Prozent) von 82 behandelten Augen besserte sich das Sehvermögen. Bei 8 (10 Prozent) blieb der Zustand unverändert, und bei 6 (7 Prozent) verschlechterte er sich.

Ken Fujihira berichtete ausführlich über 285 Alterskatarakte, die er 1975 an seiner Klinik mit der Rezeptur behandelt hatte. Danach besserte sich die Sehkraft in 172 Fällen (60,2 Prozent). Bei 34 Fällen (12 Prozent) änderte sich nichts, bei 29 (10,2 Prozent) war das Ergebnis ungleich (das heißt, ein Auge besserte sich, bei dem anderen nahm die Sehkraft ab), bei 50 (17,6 Prozent) wurde der Befund schlechter. Die Gesamtzahl der gebesserten und der unveränderten Befunde betrug 206, das sind 72,2 Prozent.

Die Tees werden aus gleichen Teilen der in der Rezeptur genannten Heilpflanzen wie der übliche schwarze Tee zubereitet. Die Heilpflanzen erhalten Sie in gut sortierten Kräuterhandlungen und in Apotheken, die auf diesem Gebiet besonders erfahren sind.

Vital, gesund und schlank durch innere Übungen

Die *inneren Übungen* wurden vor einigen Tausend Jahren in China entwickelt. Sie sollen Krankheiten verhüten, die Gesundheit erhalten und ein langes Leben schenken. Viele der Übungen sind besonders für eine Gewichtsabnahme zu empfehlen.

Die inneren Übungen sind nicht mit dem üblichen körperlichen Training vergleichbar. Zwar mögen Aktivitäten wie Fußballspielen, Boxen, Aerobics, Gymnastik, Gewichtheben, Hatha-Yoga oder sportliche Wettkämpfe uns äußerlich attraktiv aussehen lassen, doch geschieht dies oft auf Kosten der Energie unserer inneren Organe und führt dann nicht nur zu zahlreichen Erkrankungen, sondern läßt uns auch vorzeitig altern. Müdigkeit, Streß, Anstrengung, Schmerzen und Verrenkungen, wie sie das konventionelle Training mit sich bringt, stören die empfindlichen Funktionen der inneren Organe. Da die inneren Organe dafür zuständig sind, den Körper zu regenerieren und krankheitserregende Einflüsse abzuwehren, wird jede Funktionsstörung die Fähigkeit des Organismus, alte oder abgenutzte Zellen zu ersetzen und eindringende Bakterien und Viren zu vernichten, hemmen. Was die dicksten und stärksten Muskeln nicht vermögen, leisten gesunde innere Organe: Sie schützen den Körper vor Alter und Krankheit. Die inneren Übungen wiederum schützen, heilen und kräftigen die Organe. Und wenn die inneren Organe gesund sind, resultiert daraus natürlich auch eine angenehme äußere Erscheinung.

Auf den folgenden Seiten werde ich verblüffend einfache Methoden erläutern, mit deren Hilfe sich Gewicht und Umfang verringern lassen. Dieselben Methoden und Übungen fördern auch das klare Denken, die Verdauung, gesunden Schlaf und ein gut funktionierendes Herz – um nur einige günstige Wirkungen zu nennen. Natürlich stehen all diese Dinge in einem inneren Zusammenhang. Der einfache Tatbestand des Übergewichts ergibt sich aus vielen komplizierten, voneinander abhängigen Faktoren im Körper eines Menschen. Auf die wichtigsten dieser Faktoren und Wirkungen werde ich ausführlich eingehen, doch zuvor muß ich Ihnen noch einiges an Grundwissen vermitteln.

Mit zunehmendem Alter fällt es uns Menschen immer schwerer, die Magengegend und den Bauch zu trainieren. Wenn Sie die Vierzig überschritten haben, empfiehlt es sich nicht, ein intensives Bauchmuskeltraining, zum Beispiel Bauchwippe oder Liegestütze, zu absolvieren, es sei denn, Sie haben immer und regelmäßig Sport getrieben. Das Problem ist, daß wir die Bauchorgane, anders als die meisten anderen Partien des Körpers, nicht willkürlich steuern können. Es sind allerdings Fälle fortgeschrittener Yogis dokumentiert, die das sehr wohl vermögen. Das sind aber Ausnahmen von der Regel. Beim Durchschnittsmenschen bilden sich gerade am und im Bauch sehr leicht Depots von Fett und schädlichen Stoffwechselprodukten.

Nun sind die herkömmlichen Methoden, solche Depots abzubauen und das Gewicht zu reduzieren, oft nicht nur schwer durchzuführen, sondern kosten auch viel Geld!

Die einfachste und natürlichste Art und Weise, Gewicht und Umfang zu verlieren, sind die Hirsch-Übung, die Kranich-Übung und die daraus entwickelten Varianten – die Übung für das Sonnengeflecht und den Magen, die Schildkröten-Übung und die Übung zur Gewichtsreduktion. Mit zunehmender Erfahrung lassen sich durch diese Übungen die peripheren und zentralen Ursachen von Gewichtsproblemen nahezu mühelos korrigieren. Beim »Kranich« und bei den verwandten Übungen kommt es beispielsweise nur auf eine sanfte Massage des Abdomens und auf die Wahrnehmung von Empfindungen an. Die Hand führt sanfte Reibungen durch und massiert dadurch die Eingeweide, die Blutgefäße, das Verdauungssystem und das Ausscheidungssystem. Fettansammlungen und Fettspeicher werden an Ort und Stelle in Bewegung gebracht und schließlich abgebaut. Dieses Fett wird über die Ausscheidungsorgane aus dem Körper ausgeleitet. Mit solchen sichtlich einfachen Mitteln werden »Spitzbauch« und »Schmerbauch« buchstäblich weggerieben.

Tatsächlich geschieht folgendes, wenn Sie die Magenreibung üben: Während Sie die Hand sanft über den Körper führen, wird für das bloße Auge unsichtbare Energie aus der Hand in und durch die Haut geleitet. Während Sie Ihre Hand kreisförmig bewegen, »kehren« Sie gleichsam die Zellen und Gewebe in dieser Region. Ihr körpereigener Energiestrom dringt wie feinste Nädelchen sanft in die Haut und in das darunterliegende Gewebe ein.

Die Kirlian-Photographie, eine in den vierziger Jahren von dem russischen Ehepaar SEMION und VALENTINA KIRLIAN entwickelte Technik der Hochspannungsphotographie, hat den sichtbaren Beweis erbracht, daß der Körper von einem Energiefeld durchdrungen und umgeben ist. Mit Hilfe der Kirlian-Photographie ließ sich also zeigen, daß die Körperenergie die Grenze der Haut überschreitet und im Bereich des Kopfes und der Hände besonders ausgeprägt ist. Mit Hilfe Ihrer Sinne – das heißt, indem Sie das Eindringen der Wärme (= Energie) spüren – können Sie diese Energie als mächtige Waffe gegen Ablagerungen von Fett und Abbauprodukten einsetzen.

Wenn Sie spüren, wie die Energie aus Ihrer Hand in den Körper einfließt, lassen Sie Ihre Imagination für sich arbeiten. Damit die Übungen auch gänzlich wirksam werden, müssen Sie den imaginativen Teil ernsthaft üben. Es wird zunehmend deutlicher, daß die

Art, wie ein Mensch denkt, glaubt und die Welt betrachtet, seine physiologischen Funktionen beeinflußt. So kann beispielsweise in manchen Fällen bei bösartigen Tumoren durch intensive Visualisierung oder Imagination ein Stillstand des Tumorwachstums erreicht werden.

Die inneren Übungen sind Ausdruck der Kunst der Selbstheilung. Der Weisheit der frühen taoistischen Gelehrten verdanken wir, daß diese Übungen so unfehlbar wirksam und sicher sind, so leicht erlernt werden können und die menschliche Energie so außerordentlich effizient nutzen. Die im folgenden beschriebenen sechs Übungen haben eine sechstausend Jahre alte Tradition der Beobachtung und Erforschung natürlicher Prinzipien des Heilens sowie einer ständigen Prüfung, Selektion und Verbesserung der Heilverfahren. Erst jetzt aber lernt der Westen dieses traditionelle Wissen kennen.

Die Hirsch-Übung

Die Hirsch-Übung soll die Sekretion der endokrinen Drüsen, insbesondere die der Fortpflanzungsorgane, anregen und regulieren. Darüber hinaus stärkt sie die Muskeln im Bereich des Anus. Folglich wird beim Mann die Prostata, bei der Frau die Scheide durch die Übung gekräftigt. Nach der taoistischen Definition des Immunsystems bilden die Geschlechtsdrüsen die Grundlage des »Immun-Drüsen-Komplexes«, jenes Netzwerks von Drüsen, die für die körpereigene Abwehr von Krankheitserregern verantwortlich sind. In aufsteigender Reihenfolge sind dies die Fortpflanzungsorgane, die Nebennieren, die Bauchspeicheldrüse, die Thymusdrüse, Schilddrüse, Hypophyse und Zirbeldrüse. Ihre Funktionen werden durch die Energie, die in den Fortpflanzungsorganen aufgebaut wird, gefördert. Zu einem Zustand der Schwäche oder zu Krankheitsanfälligkeit kommt es, wenn die Funktion einer Drüse im Verbund aus irgendeinem Grund durch Energiemangel beeinträchtigt ist. Deswegen ist es so wichtig, daß in den Geschlechtsdrüsen Energie aufgebaut wird. Wenn genügend Energie bereitsteht, um die körpereigene Abwehr leistungsfähig zu erhalten, ist auch ein gleichbleibend guter Gesundheitszustand gesichert. Und sofern die Stoffwechselfunktionen nicht durch eine Erkrankung gestört werden, ist auch das richtige Körpergewicht gewährleistet. Die Hirsch-Übung dient diesem Zweck.

Die Übung ist nach dem Hirsch benannt, weil dieser durch Wakkeln mit seinem Schwanz seinen Anus ständig zu stimulieren scheint. Die taoistischen Gelehrten glaubten, daß diese Aktivität die Fortpflanzungsorgane kräftige, und modifizierten das Prinzip für den Menschen.

Hirsch-Übung für den Mann

Diese Übung läßt sich im Stehen, im Sitzen oder auch im Liegen ausführen. Üben Sie morgens nach dem Aufwachen und abends vor dem Schlafengehen.

1. Reiben Sie Ihre Handflächen kräftig gegeneinander. Davon bekommen Sie warme Hände, weil die Energie Ihres Körpers in die Hände und die Handflächen gelenkt wird.

2. Umfassen Sie mit der rechten Hand die Hoden, so daß die Handfläche sie vollständig bedeckt. (Am besten üben Sie nackt.) Quetschen Sie die Hoden nicht. Sie sollten nur einen ganz geringen Druck und die Wärme Ihrer Hand spüren.

3. Legen Sie die linke Handfläche über die Schambeinregion, etwa zwei Fingerbreit unterhalb des Nabels.

4. Bewegen Sie die linke Hand mit sanftem Druck kreisend 81mal im Uhrzeigersinn oder umgekehrt, so daß die Schambeinregion sich allmählich erwärmt.

5. Reiben Sie die Hände erneut kräftig gegeneinander.

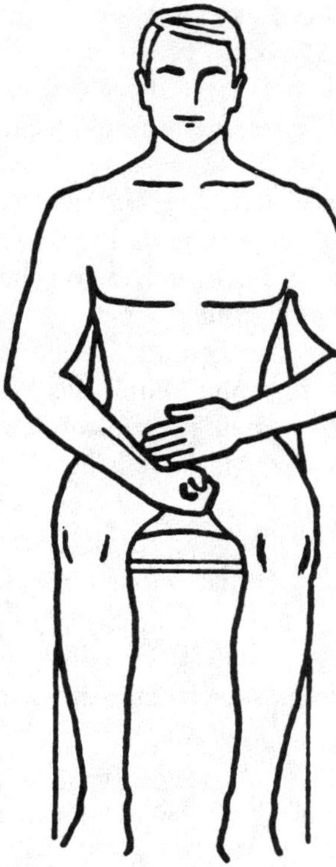

Abb. 3: Hirsch-Übung für den Mann

6. Nun wechseln Sie die Hände, so daß die linke die Hoden umfaßt und die rechte auf der Schambeinregion liegt. Reiben Sie nun 81mal kreisförmig in entgegengesetzter Richtung.

7. Spannen Sie den Schließmuskel an. Wenn Sie es richtig machen, fühlt es sich an, als würden Sie Luft in den Enddarm hineinsaugen. Spannen Sie den Schließmuskel so fest und so lange an, wie Sie es mühelos können.

8. Locker lassen und kurz entspannen.

9. Schließmuskelkontraktionen so oft wiederholen, wie es Ihnen ohne ein Gefühl des Unbehagens möglich ist.

Anmerkung A: Anfangs werden Sie vielleicht beobachten, daß Sie den Afterschließmuskel nur wenige Sekunden anspannen können. Üben Sie beharrlich weiter; nach ein paar Wochen werden Sie dann die Muskelkontraktion völlig mühelos eine ganze Weile halten können. Wenn Sie die Übung richtig durchführen, spüren Sie, wie ein angenehmes Kribbeln vom Anus durch die Wirbelsäule aufwärts bis zum Kopf zieht. Diese Reaktion entsteht durch den Druck auf die Prostata, die durch das Anspannen des Schließmuskels sanft massiert wird.

Hirsch-Übung für die Frau

Sie können diese Übung auf dem Boden oder auf dem Bett sitzend versuchen. Üben Sie morgens nach dem Aufwachen und abends vor dem Schlafengehen.

1. Setzen Sie sich so, daß die Ferse des einen Fußes am Eingang zur Scheide liegt. Die Ferse soll gleichmäßigen, relativ festen Druck gegen die Klitoris ausüben. (Falls Sie nicht gelenkig genug sind, Ihren Fuß in diese Position zu bringen, legen Sie einen recht harten, runden Gegenstand gegen den Scheideneingang.) Die Stimulation der Genitalregion und das anschließende Freisetzen von Energie können ein Lustgefühl auslösen.

2. Reiben Sie die Hände kräftig gegeneinander. Dies erzeugt Wärme in den Händen, weil Körperenergie in die Handflächen und in die Finger fließt.

3. Legen Sie die Hände so auf die Brüste, daß Sie spüren, wie die Wärme aus den Händen in die Haut darunter strömt.

4. Massieren Sie die Brüste langsam mit nach außen kreisenden Bewegungen. Die rechte Hand wird gegen, die linke mit dem Uhrzeigersinn geführt.

5. Massieren Sie die Brüste mindestens 36mal und maximal 360mal mit kreisenden Bewegungen.

6. Spannen Sie die Muskeln im Bereich der Scheide und des Afters (Beckenbodenmuskeln) an, als wollten Sie beide Öffnungen verschließen. Wenn Sie ein Gefühl haben, als würden Sie Luft in den Darm und die Scheide hineinsaugen, ist die Übung richtig. Halten Sie die Muskeln so lange angespannt, wie Sie es ohne Anstrengung können.

7. Lassen Sie die Beckenbodenmuskeln locker, und kontrahieren Sie sie dann erneut. Üben Sie so oft hintereinander, wie Sie es mühelos schaffen.

Anmerkung A: Anfangs können Sie die Beckenbodenmuskeln vielleicht nur wenige Male kontrahieren, aber mit zunehmendem Üben wird es Ihnen gelingen, nicht nur die Anzahl, sondern auch die Dauer der Kontraktionen zu steigern.

Anmerkung B: Die nach außen kreisende Massage der Brüste (Abbildung 4a) wird als Dispersion bezeichnet. Sie beugt einer Knotenbildung in den Brüsten und Brustkrebs vor. Die nach innen kreisende Massage bewirkt eine Stimulation und dadurch eine Größenzunahme der Brüste. (Die rechte Hand massiert dabei im Uhrzeigersinn und die linke in entgegengesetzter Richtung.)

Anmerkung C: Während der Menstruation sollten Sie diese Übung unterlassen. Zu dieser Zeit besteht ein natürliches Ungleichgewicht der Hormone im Körper, das durch die Übung intensiviert werden kann. Auch während der Schwangerschaft ist die Hirsch-Übung nicht ratsam, da die durch die Übung erzeugte Energie mit der begleitenden Stimulation der Drüsen vorzeitige Wehen einzuleiten vermag. Manche Frauen beobachten, daß ihre Periode aussetzt, wenn sie die Hirsch-Übung regelmäßig durchführen. Das ist jedoch kein Grund zur Aufregung, denn das Aussetzen der Blutung ist ein günstiger Begleiteffekt der Übung: Nutzlose Blutungen und der damit verbundene Verlust wichtiger Nährstoffe werden vermieden, die statt dessen den weiblichen Organen und der Balance des Organismus insgesamt zugute kommen. Der normale Menstruationszyklus stellt sich ohne schädliche Nachwirkungen wieder ein, wenn man auf die Hirsch-Übung verzichtet. Dieses Phänomen, bei dem der ganze Organismus und speziell die Fortpflanzungsorgane mit

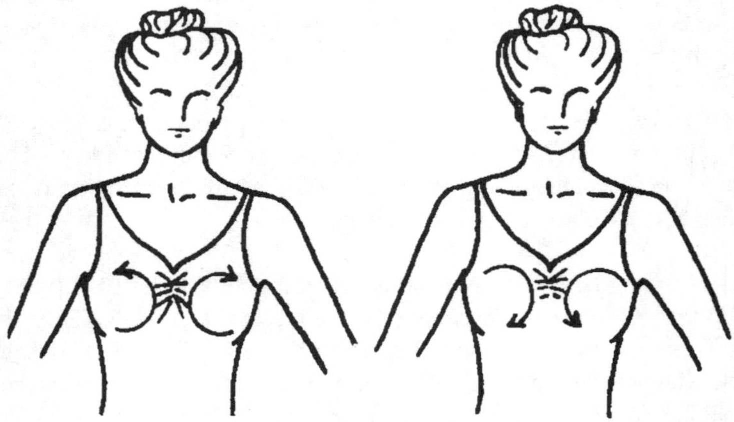

a) Dispersion b) Stimulation

Abb. 4: Hirsch-Übung für die Frau

frischer Energie erfüllt werden, bezeichnen die Taoisten als »Zurückdrängen des Blutes«.

Die Kranich-Übung

Die Kranich-Übung soll die Organe des Körperkerns kräftigen. Obwohl das autonome oder unwillkürliche Nervensystem die Funktion dieser Organe reguliert, können wir lernen, durch die Kranich-Übung die Energie zu harmonisieren und so eine ausgeglichene Arbeitsweise dieser Organe herbeizuführen.

Wenn man gesund bleiben und lange leben will, braucht man robuste innere Organe, also kräftige Verdauungsorgane, Lungen, ein starkes Herz-Kreislauf-System und schließlich auch starke Bauchmuskeln. Die Kranich-Übung wurde von einem frühen taoistischen Gelehrten entwickelt, um dieses Organsystem zu kräftigen und mit Energie aufzuladen. Die Übung wurde nach dem Kranich benannt, weil dieser Vogel ständig seine Bauchregion zu stimulieren scheint. Im Stehen faltet der Kranich ein Bein gegen den Bauch und übt dadurch Druck auf die Bauchmuskeln und die inneren Organe aus. Dies regt die Organe der Verdauung und der Atmung sowie den Kreislauf an und kräftigt sie. Der Kranich hat zwar einen völlig anderen Körperbau als der Mensch, dennoch ist das Prinzip, auf dem diese charakteristische Bewegung beruht, richtig und auch für uns nützlich.

Die Kranich-Übung kann stehend, sitzend oder in Rückenlage praktiziert werden.

1. Zuerst reiben Sie die Handflächen kräftig gegeneinander. Dies erzeugt Wärme in den Händen und leitet Energie aus Ihrem Körper in die Handflächen und in die Finger.

2. Legen Sie die Handflächen zu beiden Seiten des Nabels auf den Unterleib.

3. Atmen Sie ein.

4. Beginnen Sie langsam auszuatmen, während Sie den Unterleib mit den Händen leicht nach innen drücken, so daß eine Grube entsteht. Durch diese Bewegung wird die Luft sanft aus den unteren Partien der Lungen gepreßt. Stellen Sie sich dabei vor, daß auch das letzte Partikelchen Luft die Lunge verläßt.

5. Wenn Sie vollständig ausgeatmet haben, atmen Sie langsam wieder ein. Dabei soll der Bauch sich wie ein Ballon vorwölben. Achten Sie darauf, daß sich der Brustkorb ebenfalls dehnt, und benutzen Sie beim Atmen ausschließlich die unteren Bauchmuskeln.

6. Einmal vollständig auszuatmen und einzuatmen entspricht einer Übungseinheit. Anfangs werden Sie während einer Übung wahrscheinlich nur zwei oder drei Übungseinheiten schaffen. Allmählich werden Sie sich aber auf bis zu zwölf Einheiten steigern.

Anmerkung A: Forcieren Sie weder das Einatmen noch das Ausatmen. Mit zunehmender Übung werden Sie den Bauch bei langsamer Atmung ziemlich mühelos vorwölben und einziehen. Anfangs leiten die Hände Sie beim Erlernen der Übung. Wenn Sie die Bauchatmung beherrschen, brauchen Sie die Hände nicht mehr zu Hilfe zu nehmen.

Anmerkung B: Sobald die Kranich-Übung Ihnen geläufig ist, können Sie die Schließmuskelkontraktionen, wie die Hirsch-Übung sie lehrt, mit der Kranich-Atmung kombinieren. Dadurch wirkt die Übung intensiver.

Anmerkung C: Am besten ist es, wenn Sie die Kranich-Übung morgens ausführen und dabei das Gesicht möglichst der Sonne zuwenden. Spüren Sie beim Einatmen, wie die Energie der Sonne in Ihren Körper strömt, und beim Ausatmen, wie Gifte und Abfallstoffe ihn verlassen.

Anmerkung D: Wenn Sie vor dem Schlafengehen üben, bewirkt der »Kranich« eine beruhigende, sanfte Massage der inneren Organe und stimmt Sie auf erholsamen Schlaf ein.

Anmerkung E: Schwangere Frauen sollten auf die Kranich-Übung verzichten, da das Vorwölben und Einziehen des Bauches unangenehme Gefühle im Unterleib auslösen kann.

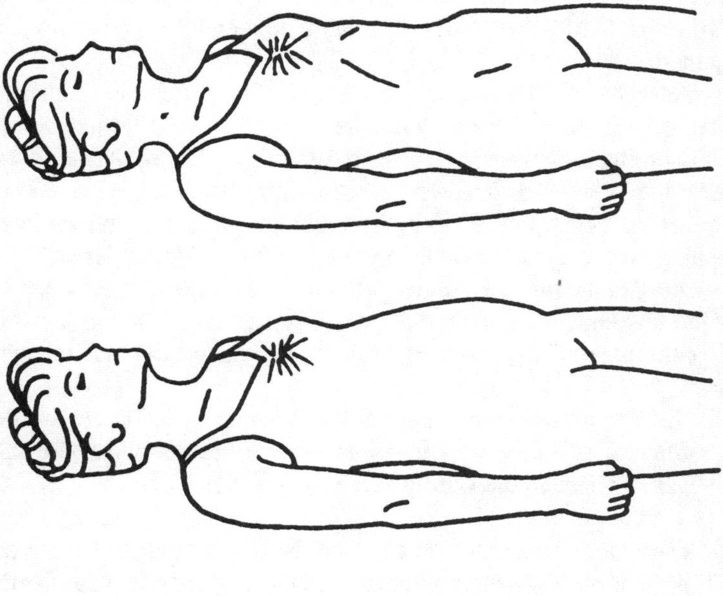

Abb. 5: Die Kranich-Übung

Übung für das Sonnengeflecht

Die taoistischen Weisen glaubten, daß die lebenswichtigen Organe im Bauch nicht vom »Kopfhirn«, sondern von einem Gehirn im Bauch, dem »Bauchhirn«, gesteuert werden. Dieses Bauchhirn entspricht anatomisch dem Sonnengeflecht (Solarplexus), einer Anhäufung von Nervenzellen, deren Fasern direkt in die Organe ausstrahlen. Dieses autonome Bauchgeflecht befindet sich unterhalb des Herzens und hinter dem Magen. Es ist dafür zuständig, daß die Funktionen der inneren Organe ordnungsgemäß und harmonisch ablaufen. Als Nervenzentrum verarbeitet es alle nervösen Impulse, die in den Bauchorganen erzeugt werden und sich in ihm konzentrieren. Bei einer Störung des Sonnengeflechts dehnt der Bauchraum sich aus. Abgestorbene Zellen, Stoffwechselprodukte und Speicherfett sammeln sich an. Daraus können Verstopfung, Gastritis, Ulkus, Gastroenteritis, Infektionen des Zwölffingerdarms, Durchfall und viele weitere Krankheiten und Beschwerden entstehen.

Diese Leiden lassen sich durch die Übung für das Sonnengeflecht verhindern oder lindern. Sie schützt, kräftigt und besänftigt es. Mit einem doppelten Treffer bekämpft die Übung Ansammlungen von Fett und Stoffwechsel-Abfallprodukten: Sie baut unerwünschte Fettdepots ab und beschleunigt durch Energiebereitstellung gleichzeitig den Abtransport des Fettes aus dem Körper.

Die Übung für das Sonnengeflecht kann man stehend oder sitzend ausführen. Sie ist überall und jederzeit möglich und läßt sich in ein morgendliches oder abendliches Übungsprogramm einbauen.

1. Sie sitzen oder stehen aufrecht und legen beide Hände auf den Magen. Schauen Sie geradeaus. Atmen Sie ein und spüren Sie dabei, wie sich die Luft in Ihrem Magen ausdehnt.

2. Dann atmen Sie aus und drücken dabei mit beiden Händen den Magen nach innen und zugleich hoch. Drehen Sie währenddessen Kopf und Oberkörper, so weit Sie können, langsam nach

links. Die Augen folgen der Drehung nach links. Gleichzeitig drehen Sie das Becken nach rechts.

3. Atmen Sie ein und gehen Sie dabei in die Ausgangshaltung mit Blick geradeaus zurück. Lockern Sie langsam die Hände über dem Magen, bis sie ganz leicht auf der Haut liegen.

4. Atmen Sie wieder aus und drehen Sie dabei Kopf und Oberkörper langsam nach rechts. Die Augen folgen der Bewegung. Drücken Sie gleichzeitig den Magen nach innen oben und drehen Sie das Becken nach links.

5. Kehren Sie, während Sie einatmen, wieder in die Ausgangshaltung zurück und blicken Sie geradeaus. Wiederholen Sie diese Übung vier- bis 36mal.

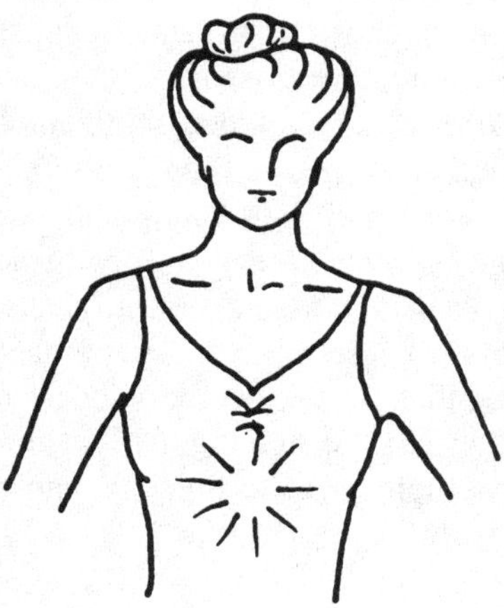

Abb. 6: Das Sonnengeflecht

Abb. 7: Übung für das Sonnengeflecht

Anmerkung A: Wie oft Sie die Übung schaffen, hängt vom Zustand des Nackens und der Schultern ab. Falls die Nacken- und Schultermuskeln steif sind und schmerzen, sollten Sie nur wenige Male üben, bis sich der Zustand gebessert hat. Dann dürfen Sie Ihr Übungspensum allmählich steigern.

Anmerkung B: Konzentrieren Sie sich beim Üben auf den Sitz des Sonnengeflechts unter dem Herzen und hinter dem Magen. Versuchen Sie zu spüren, wie das Sonnengeflecht von Wärme (Energie) durchdrungen ist. Je stärker Sie sich konzentrieren, desto mehr hilft Ihnen diese Übung.

Oft werde ich eingeladen, Vorträge vor Studenten zu halten; so auch eines Tages an einem College im Norden von New York. Die Sprecherin der Studenten, die an starkem Übergewicht litt, sah älter aus, als sie war, und befand sich in einem schlechten Gesundheitszustand. Ich empfahl der jungen Frau die Übung für das Sonnengeflecht und zeigte sie ihr. Schon nach wenigen Wochen hatte sie in der Taille, an den Hüften und den Oberschenkeln mehr als zehn Zentimeter abgenommen und außerdem wieder einen frischen Teint bekommen. Sie sah jünger und attraktiver aus, und heute leitet sie ein bedeutendes staatliches wissenschaftliches Institut.

Einer meiner schwierigsten Fälle, Morgan, konsultierte mich, kurz nachdem er seinen Job als Chef einer großen Fluggesellschaft verloren hatte. Er war, teils infolge von Streß, freßsüchtig und hatte kaum Bewegung. Außerdem trank er große Mengen Bier in der örtlichen Kneipe. Der Grund für seine Entlassung lag in seinem schlampigen Aussehen. Er beschloß, konsequent die empfohlene Übung zu absolvieren, nahm tatsächlich ab und wurde wieder ansehnlich. Kurze Zeit später erhielt er eine Anstellung als Präsident eines großen Lebensmittelkonzerns. Ich begegne ihm oft, und er sieht heute jünger aus als vor zehn Jahren.

Massage-Übung für den Bauch

John war Direktor einer Bank. Das starke Übergewicht fiel sofort auf, er war träge und litt unter Verstopfung. Mit seinen 55 Jahren hatte er fast schon resigniert. Seine Sekretärin drängte ihn, die einfache Massage-Übung für den Bauch durchzuführen. Unter konsequentem Üben normalisierte sich sein Stuhlgang, er nahm vierzig Pfund ab und gewann neue Energie.

Eine massiv fettsüchtige 29jährige Frau klagte mir nach einem Vortrag ihr Leid: Sie fürchtete, ihre überzähligen Pfunde nie mehr loszuwerden. Sie mußte Konfektionsübergrößen tragen, und auch darin wirkte sie ziemlich eingezwängt. Da sie erst glaubte, mit der Bauchmassage nicht zurechtzukommen, zeigte ich ihr, wie einfach diese ist. Nachdem sie es versucht hatte, bemerkte sie, daß die Übung ihr sogar Vergnügen bereitete, und nach zweiwöchigem Üben waren ihr sämtliche Kleider zu weit. Sie übte daher täglich fleißig weiter, und heute trägt sie normale Konfektion. Als ich sie kennenlernte, wirkte sie wie Vierzig – heute hält man sie leicht für Anfang Zwanzig.

Das sind nur zwei von den zahlreichen Fällen, bei denen die Bauchmassage eine deutliche Besserung der Figur bewirkte. Durch die Übung werden Fettansammlungen und Fettspeicher mobilisiert und über die Ausscheidungsorgane aus dem Körper transportiert. Die überflüssigen »Speckschichten« im Bereich des Magens und Bauches werden buchstäblich wegmassiert.

Die Bauchmassage sollte in Rückenlage geschehen. Üben Sie morgens nach dem Aufwachen und abends vor dem Schlafengehen.

1. Legen Sie sich flach auf den Rücken. Entspannen Sie sich.

2. Legen Sie eine Hand auf den Nabel. (Rechtshänder nehmen die rechte, Linkshänder die linke Hand.) Nun beginnen Sie, in kleinen und immer größer werdenden Kreisen im Uhrzeigersinn (also von rechts nach linksherum) von der Mitte her die entspannte Bauchdecke zu massieren, bis Sie oben den Rippenbo-

gen und unten das Schambein mit Ihren Kreisbewegungen erreichen (Abbildung 8a).

3. Nach der ersten Massagerunde reiben Sie die Bauchdecke entgegen dem Uhrzeigersinn in immer enger werdenden Kreisen, bis Ihre Hand wieder auf dem Nabel liegt. Fester Druck ist nicht erforderlich, eine sanfte Reibbewegung genügt.

4. Die Massage-Übung für den Bauch darf beliebig oft wiederholt werden.

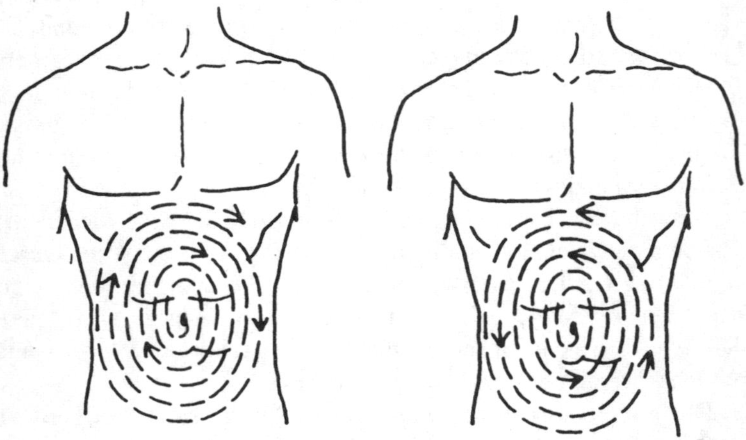

a) im Uhrzeigersinn b) gegen den Uhrzeigersinn

Abb. 8: Massage-Übung für den Bauch

Anmerkung A: Es gibt auch eine schnelle Version der Massage-Übung für den Bauch. Hierfür reiben Sie erst die Handflächen kräftig gegeneinander und legen sie dann rechts und links vom Nabel auf den Unterleib. Dann führen Sie, wie in Abbildung 9 gezeigt, schnelle Reibungen auf beiden Seiten des Bauches aus, und zwar so, daß die Hände bei der Bewegung nach unten in Nabelhöhe zusammentreffen. Massieren Sie, bis die Reibungswärme den Bauchinhalt durchdringt. Diese Übung dürfen Sie ebenfalls beliebig oft wiederholen. Die schnelle Version der Bauchmassage stimuliert stärker und führt dem Unterleib mehr Energie zu als die sanftere Grundübung. Sie eignet sich daher für chronische Erkrankungen innerer Organe und eine gestörte Peristaltik. Sie ist besonders gut gegen Dickleibigkeit.

Anmerkung B: Damit die Übung optimal wirkt, müssen Sie sich auf die Empfindung konzentrieren, daß die erzeugte Wärme (Energie) das massierte Gewebe durchdringt. Diese Wärme beziehungsweise Energie ist der Schlüssel. Entspannen Sie sich. Lassen Sie das überflüssige Fett verbrennen. Wenn Ihre Konzentration nachläßt, beginnen Sie erneut.

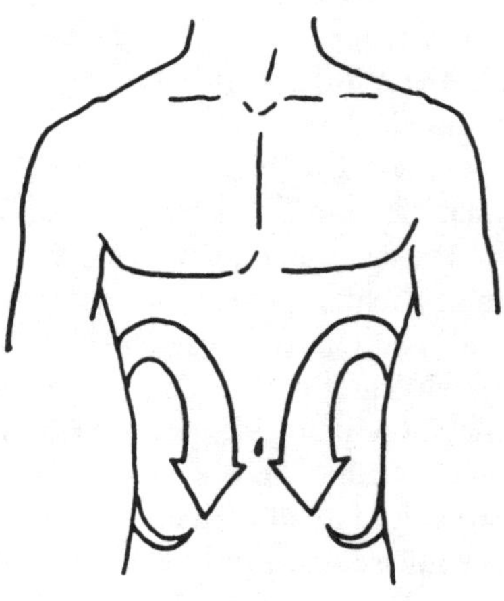

Abb. 9: Massage-Übung für den Bauch, schnelle Version

Wenn Sie im Uhrzeigersinn massieren – also von rechts nach links in weiter werdenden Kreisen –, fördern Sie auf physiologische Weise die Passage des Darminhaltes. Chronische Verstopfung ist ja oft ein Zeichen dafür, daß der Dickdarm überlastet ist, so daß sich giftige Stoffe in ihm ansammeln. Die Dickdarmschleimhaut absorbiert zuviel Wasser aus den Fäzes (Kot), die zum Enddarm unterwegs sind. Dadurch werden die Fäzes so hart, daß die normale Peristaltik des Dickdarms nicht imstande ist, sie hinauszubefördern. Folglich staut sich dieser Müll, der sonst über den Anus entsorgt würde, in Dickdarm und Enddarm – das ist die Volkskrankheit Verstopfung. Die Massage im Uhrzeigersinn regt die Darmtätigkeit an und normalisiert die Wasserabsorption im Darm.

Eine junge Patientin, die ich zu dieser Übung anleitete, erzählte mir, sie habe nahezu ihr ganzes bisheriges Leben unter Verstopfung gelitten. Sie war erst 23 Jahre alt und plagte sich seit 15 Jahren mit diesem Problem. Sie hatte es mit Pillen, Abführtees und mit Klistieren versucht, aber ohne Erfolg. Doch schon nach nur einer Woche des Übens hörten die Probleme mit dem Stuhlgang auf. Sie fühlte sich, nach eigenem Bekunden, wie ein neuer Mensch. Später berichtete sie mir, daß sich ihre gesamte Verdauung nach dreimonatigem beharrlichen Üben normalisiert habe und Verstopfung seither kein Problem mehr für sie darstelle.

Die Massage gegen den Uhrzeigersinn hat die umgekehrte Wirkung – sie fördert nämlich die Eindickung der Fäzes bei der Passage durch den Darm. Dies geschieht, indem sie die Wasserabsorption aus dem Dickdarm in Richtung Nieren anregt. Erst kürzlich wurde mir ein extremer Fall von Diarrhöe bekannt, die durch diese einfache Methode nachließ. Einer meiner Studenten erzählte mir, seine Mutter sei vor zehn Jahren an einem Kolonkarzinom (Dickdarmkrebs) operiert worden. Seither habe sie ihren Stuhlgang nicht mehr unter Kontrolle. Sie könne nicht einmal mehr das Haus verlassen, weil sie befürchten müsse, im entscheidenden Augenblick keine Toilette zu finden. Ihr Sohn lehrte sie die Bauchmassage. Bis dahin hatte die Dame bereits alle möglichen Mittel vergeblich ausprobiert und griff nach jedem Strohhalm, der auch nur die geringste Aussicht auf Erfolg versprach. Nachdem sie die Übung ein paar Tage durchgeführt hatte, zeigte sich zum erstenmal seit zehn Jahren wieder geformter Stuhl. Inzwischen lebt sie wie früher und muß sich nicht mehr mit ihrem Problem quälen.

Mit oder gegen den Uhrzeigersinn lindert die Massage-Übung für den Bauch Magengeschwüre. Der Fall eines neunzigjährigen chinesischen Politikers belegt die Wirksamkeit dieser Übung. Der alte Herr geht seinen Pflichten mit mehr Begeisterung und Energie nach als mancher, der nur ein Viertel so alt ist. Auch sonst ist er sehr unternehmungslustig, aber niemals krank. Sein Blutdruck, den er jeden Morgen von einer Krankenschwester messen läßt, ist stets normal. Wenn ein Bewunderer ihn nach dem Geheimnis seiner jugendlichen Frische fragt, erzählt er ihm von einer Erfahrung aus seiner Jugend. Als junger Mann litt er an schmerzhaften Magengeschwüren, an Tuberkulose und anderen Krankheiten. Während seines Militärdienstes mußte er, wo er auch stationiert war, ärztliche Hilfe in Anspruch nehmen. Eines Tages erfuhr er von einem berühmten Heiler, der einsam tief in den Bergen hauste, und begab sich auf den steinigen Weg zu ihm. Als er bei dem Heiler eintraf, der gerade meditierte, grüßte er ihn und begann einen ausführlichen Monolog über sich und seine Leiden. Der alte Mann fuhr fort zu meditieren und schien den Besucher gar nicht wahrzunehmen. Weder öffnete er die Augen, noch sagte er ein Wort. Endlich aber murmelte er: »Geh nach Hause und massiere deinen Leib.« Auf eindringliches Fragen erhielt der junge Mann keine Antwort, und so trat er, zutiefst enttäuscht über diese magere Reaktion, den Heimweg an. Daheim bewirkten Enttäuschung, Erschöpfung und Wut, daß sein Magengeschwür wieder aufflackerte, und da ihm keine andere Möglichkeit einfiel, massierte er widerstrebend seinen Bauch. Ein paar Monate später war das Geschwür abgeheilt. Allmählich heilte auch die Tuberkulose aus, und es ging ihm täglich besser. Und deswegen wendet er auch siebzig Jahre später, nach jeder Mahlzeit und immer, wenn er sich nicht wohl fühlt, noch regelmäßig die Massage-Übung für den Bauch an.

Als ich zum erstenmal zu einem Vortrag an der Universität Oslo eingeladen war, sprach ich auch über die Massage-Übung für den Bauch. Ein Jahr später durfte ich dort in einem überfüllten Hörsaal einen weiteren Vortrag halten. Nach den einführenden Worten des Gastgebers, BJÖRN OVERBYE, konnte ich nicht sofort mit meinem Referat beginnen, weil ein älterer Herr aus dem Publikum sich erhoben hatte und um Redeerlaubnis bat. Die Zuhörer forderte er auf, sich alles, was ich sagen würde, gut zu merken, denn es wäre zu ihrem Wohl. Dann erzählte er seine Geschichte: Als er meinen ersten Vortrag gehört hatte, war sein Bauch infolge von Leberkrebs im Endstadium von Wasser aufgedunsen gewesen, und er hatte furchtbare Schmerzen ertragen müssen. Sein Arzt hatte ihm nur noch wenige Wochen zu leben gegeben. Jede Woche hatte er sich in die Klinik geschleppt, um den Bauch punktieren zu lassen. Verzweifelt griff er jede winzige Möglichkeit auf, und so kam er auch zu meinem Vortrag. Nachdem er von der Bauchmassage gehört hatte, ging er nach Hause und probierte die Übung aus. Zu seinem Erstaunen hörte der Schmerz sofort auf, und zu seinem noch größeren Erstaunen verhinderte die Massage zunehmend die Ödembildung in seinem Leib. Nach einer Woche suchte er seinen Arzt auf, der sich ebenfalls sehr wunderte. Hier zitierte der Herr seinen Arzt: »Das ist ein Wunder! Unfaßbar! Was haben Sie bloß getan?« Und lächelnd wiederholte er seine Antwort: »Eigentlich nichts. Ich hab' bloß meinen Bauch massiert.« Der Herr sagte, er habe seither zuversichtlich seinen Bauch massiert, und seine Leber bereite ihm keine Schwierigkeiten mehr. Zwar habe er weiterhin Leberkrebs, aber die Chemotherapie habe er absetzen können. Im übrigen fühle er sich gesund und könne sogar wieder seiner Arbeit nachgehen. Als ich ein Jahr später zum dritten Mal nach Norwegen kam, war der Mann noch am Leben.

Ich fasse nun zusammen: Die Massage-Übung für den Bauch besteht aus zwei wesentlichen Komponenten, nämlich der langsamen, kreisenden Reibung und der Empfindung eines Wärme- oder Energiestroms zur unteren Körperhälfte. Die Übung sollte zweimal täglich (wenn Sie wollen, auch öfter) in Rückenlage ausgeführt werden. Die beste Übungszeit ist morgens nach dem Aufwachen und abends unmittelbar vor dem Schlafengehen. Die Reibung beginnt am Nabel und führt in immer größeren Kreisen im Uhrzeigersinn nach außen (Abbildung 8a). Wenn die gesamte Bauchdecke bearbeitet ist, wird in kleiner werdenden Kreisen gegen den Uhrzeigersinn (von links nach rechts) massiert, bis die Hand wieder auf dem Nabel zu liegen kommt (Abbildung 8b). Während der gesamten Übung sollten Sie spüren, wie die Wärme oder Energie den ganzen Bereich durchdringt. Versuchen Sie sich bildhaft vorzustellen, wie die Blockierungen in Ihrem Darm gelöst werden und verschwinden, wie die Fettzellen wegschmelzen. Sie dürfen nicht meinen, diese Übung müßte soundso viele Minuten dauern, um wirksam zu sein. Nicht auf die Dauer der Übung kommt es an, sondern darauf, daß Sie sie überhaupt anwenden! Üben Sie beharrlich, der Erfolg stellt sich dann mit Gewißheit ein.

Wenn Sie die Übung regelmäßig über lange Zeit beibehalten, werden Sie weitere günstige Wirkungen an sich beobachten. Die Bauchmassage verbessert auch die Herzfunktion, weil das Herz mit der Zeit weniger belastet wird. Die Blutgefäße werden nach und nach gekräftigt, und der Blutdruck normalisiert sich. Gewicht und Bauchumfang nehmen ab, und die Verdauung wird besser. Es kann durchaus sein, daß Sie eine Zunahme an Vitalität beobachten. Übler Mundgeruch kann verschwinden. Alle diese Wirkungen sind irgendwie miteinander verknüpft. Abends schließlich wirkt die Bauchmassage schlaffördernd, da sie zu Lasten des Kopfes und Gehirns eine stärkere Durchblutung des Bauchraumes herbeiführt. Der Kopf wird dadurch frei, und Sie können in erholsamen Schlaf sinken.

Die Schildkröten-Übung

Diese Übung wirkt kräftigend, entspannend und regulierend auf das gesamte Nervensystem. Bei Menschen, die aus Nervosität zuviel essen, verringert sie das Hungergefühl.

Die »Schildkröte« kann stehend oder sitzend geübt werden.

1. Drücken Sie Ihr Kinn gegen das Brustbein und strecken Sie gleichzeitig den Kopf nach oben. Atmen Sie dabei langsam ein. Im Nacken spüren Sie einen Zug nach oben, während sich die Schultern nach unten fallend entspannen (Abbildung 10a).

2. Schieben Sie den Kopf langsam nach hinten, als wollten Sie mit dem Hinterkopf den Nacken berühren. Während dieser Bewegung atmen Sie langsam aus. Dabei wird das Kinn automatisch hochgezogen und die Kehle leicht überstreckt. Gleichzeitig werden die Schultern zu beiden Seiten des Kopfes hochgezogen, als wollten Sie mit ihnen die Ohren berühren (Abbildung 10b).

3. Wiederholen Sie diesen Übungsablauf insgesamt zwölfmal.

Anmerkung A: Diese beiden Bewegungen (oder vielmehr die bei-

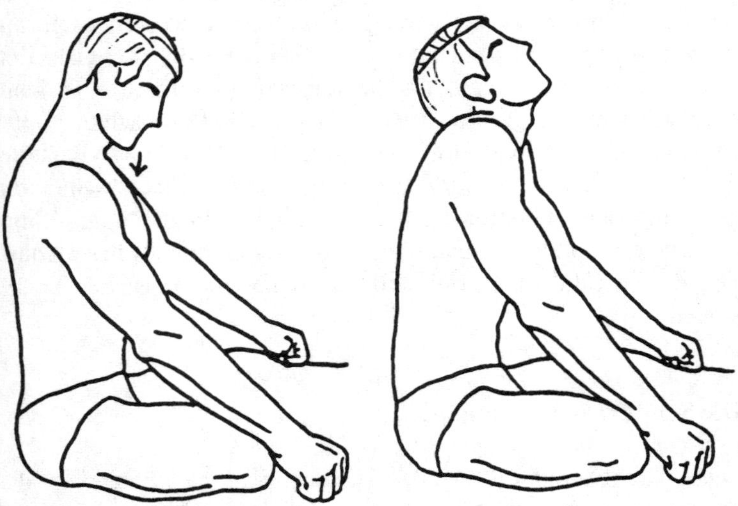

a) b)

Abb. 10: Schildkröten-Übung

den Komponenten einer einzigen fließenden Bewegung) ahmen die Bewegungen der Schildkröte nach, wie sie den Kopf aus ihrem Panzer streckt und wieder einzieht. Keine der Bewegungen soll erzwungen werden, auch wenn es eine Weile dauert, bis Sie sie völlig beherrschen.

Anmerkung B: Die beste Übungszeit für die »Schildkröte« ist morgens gleich nach dem Erwachen und abends unmittelbar vor dem Schlafengehen. Außerdem sollten Sie immer dann üben, wenn Nacken und Schultern und die obere Rückenpartie verspannt oder verkrampft sind.

Bei beharrlichem Üben werden Sie feststellen, daß die »Schildkröte« auch die Bauchmuskeln strafft, tonisiert und kräftigt. Unnötiges Fett, Wassereinlagerungen und schlaffe Muskeln werden beseitigt, und ein vorstehender Bauch wird wieder straffer.

Frau Rosario führte ein gutbesuchtes italienisches Restaurant in Chicago und kostete von allem, was eßbar war. Sie war verwitwet und fest überzeugt, daß sie in ihrem Alter (sie war 47 Jahre) und mit ihrem Gewicht (175 Pfund bei einer Größe von 1,60 Meter) keinen Verehrer mehr finden würde. Merkwürdigerweise bewirkte diese bauchstraffende Übung nicht nur eine Gewichtsabnahme, sondern schien auch ihr Interesse vom Essen wegzulenken, von dem sie täglich umgeben war. Inzwischen ist sie wieder glücklich verheiratet und erhält sich ihren straffen Bauch und schmale Hüften, indem sie täglich die Schildkröten-Übung anwendet.

Übung zur Gewichtsreduktion

Bedenken Sie bei dieser Übung stets, daß Sie nichts erzwingen und Ihre Kräfte nicht überfordern dürfen. Üben Sie geduldig und ausdauernd.

Erster Teil der Übung

1. Stellen Sie sich aufrecht an eine Wand, so daß Fersen, Gesäß, obere Rückenpartie und Kopf die Wand berühren.

2. Während Sie durch die Nase einatmen, strecken Sie sich und ziehen den Bauch möglichst stark ein, so daß sich der Brustkorb maximal weiten kann. Lassen Sie die Arme seitlich herabhängen. Sie spüren, wie Ihre Schultern breit werden und sich gegen die Wand pressen.

3. Halten Sie die Bauchmuskeln einen Augenblick straff gespannt.

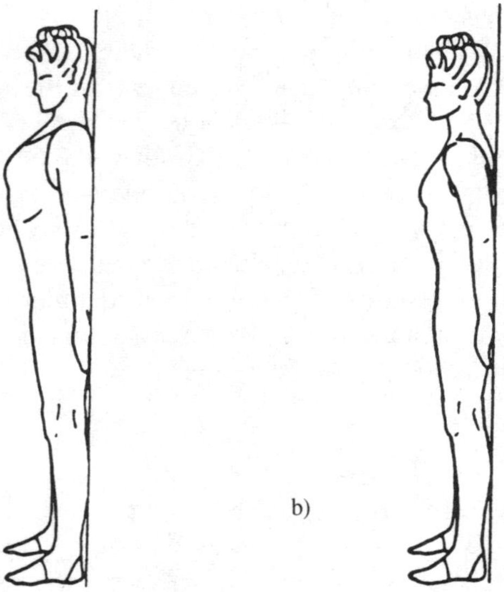

a) b)

Abb. 11: Übung zur Gewichtsreduktion, erster Teil

4. Atmen Sie möglichst schnell durch den Mund aus. Blasen Sie die Luft ganz aus den Lungen und drücken Sie den Bauch kräftig heraus.

5. Üben Sie sieben- bis zwölfmal hintereinander, einatmen – ausatmen.

Im Lauf der Zeit werden Sie feststellen, daß diese Übung Ihre Bauchmuskeln strafft, tonisiert und kräftigt. Überflüssiges Fett, Wasser und schlaffe Muskeln werden beseitigt, und der übermäßige Bauch verschwindet.

Zweiter Teil der Übung

1. Sie treten von der Wand weg und heben die Fersen möglichst hoch, stehen also auf den Zehen und den Zehenballen.

2. Halten Sie den Rücken kerzengerade, und beugen Sie ganz leicht die Knie, als wollten Sie sich auf einen Stuhl setzen. Die Arme sind in einem Winkel von 45 Grad vom Körper abgestreckt.

3. Bleiben Sie zehn bis zwanzig Sekunden – falls möglich, noch länger – in dieser Haltung und atmen Sie dabei gleichmäßig.

Anmerkung: Anfangs werden Sie es nicht schaffen, den Rücken geradezuhalten und die Fersen ordentlich hochzuheben. Wenn Sie jedoch beharrlich üben, wird es Ihnen bald gelingen, die Fersen senkrecht und die Oberschenkel parallel zum Boden zu stellen und den Rücken geradezuhalten.

Diese Übung kräftigt und tonisiert Oberschenkel, Waden und Knöchel. Sie stärkt die Bauchmuskeln, verbessert die Durchblutung der Beine und des Rumpfes und kräftigt den Rücken und das Nervensy-

Abb. 12: Übung zur Gewichtsreduktion, zweiter Teil

stem. Außerdem stimuliert sie den Blasen-, den Gallenblasen- und den Magenmeridian. Da diese Meridiane an den Beinen entlang verlaufen, reduziert die Übung auch Wassereinlagerungen und Übergewicht und senkt den Blutdruck.

Absolvieren Sie während einer Sitzung stets beide Teile der Übung, denn sie wirken harmonisierend und ergänzen einander.

Neben den hier beschriebenen tragen weitere Übungen zur Kräftigung der Arme und Beine, der Muskeln und Knochen bei. Im allgemeinen dauert es drei Monate, bis man die sechs inneren Grundübungen beherrscht. Entscheidend ist jedoch, daß die Selbstheilung als natürliche Folge regelmäßigen Übens mit Sicherheit eintritt.

Schwitzen

Es ist gesund, wenn Sie jeden Tag mindestens zehn Minuten lang körperlich so aktiv sind, daß Sie ordentlich ins Schwitzen kommen. Hervorragend eignen sich dafür Schwitzbad oder Sauna. Sind diese Möglichkeiten nicht verfügbar, können Sie zehn Minuten lang ein Bad nehmen, das deutlich wärmer ist als Ihre Körpertemperatur. Schwitzen Sie nicht länger als zehn Minuten! Andernfalls riskieren Sie, mit dem Schweiß, der aus den Poren Ihrer Haut tritt, zuviel darin gelöste Nährstoffe zu verlieren. Eine kurze Schwitzprozedur bewahrt Sie auch vor allzu großem Durst, der Sie veranlassen könnte, danach mehr zu trinken, als Sie ausgeschwitzt haben. Wenn Sie anschließend durstig sind, trinken Sie mäßig – gerade soviel, daß Ihr Durst gestillt ist und die verlorenen Nährstoffe (Mineralsalze) wieder ergänzt werden.

Ich habe bereits erwähnt, daß Sie beim Schwitzen Wasser verlieren, das erst kurze Zeit im Körper gespeichert ist. Schwitzen allein genügt aber zum Beispiel nicht, um eine Zellulitis zu beseitigen, da bei diesem Schönheitsfehler das Wasser gebunden und schwerer auszuschwemmen ist. Bei Zellulitis sind Wärmebehandlung, kräftige Massage, gezielte Gymnastik und viel Geduld erforderlich.

Massieren Sie sich, während Sie schwitzen, kräftig am ganzen Körper. Und bedenken Sie, daß Sie die Zellulitis an den betroffenen Stellen mit bloßen Händen wegmassieren müssen. Zu diesem Zweck fassen Sie die Haut mit dem Unterhautgewebe zwischen dem Daumen und den vier Fingern und kneten sie gründlich durch. Das mobilisiert und löst die zellulitisbedingten Ablagerungen. Bearbeiten Sie Ihre Zellulitis abschnittweise mit kräftigen Knetungen. Wenn Sie sich so jeden Tag eine andere betroffene Region zehn Minuten lang gründlich vornehmen, werden Sie allmählich Ihr Übergewicht los, gleichzeitig wird die Haut schöner und der Muskeltonus besser.

Für die erfolgreiche Behandlung einer Zellulitis ist sehr viel Geduld nötig. Zwar müssen Sie die Stellen nur zehn Minuten täglich bearbeiten, aber dies für die Dauer von etwa drei Monaten (bei weniger ausgeprägter Zellulitis eventuell kürzer). Wenn Sie den Abbauprozeß beschleunigen wollen, riskieren Sie, krank zu werden. So geschah es bei einer Dame, die wahrscheinlich glaubte, zehn Minuten wären zuwenig, und sich deswegen eine Stunde lang bearbeitete. Danach wurde sie leider sehr krank, weil bei dem massiven Abbau der Zellulitis zu viele Giftstoffe auf einmal freigesetzt wurden. Ihr Organismus war nicht imstande, genügend Giftstoffe auszuscheiden, um Vergiftungserscheinungen zu verhüten. Der forcierte Abbau der Zellulitis führte darüber hinaus zu starken körperlichen Veränderungen, die sie nicht gleich verkraften konnte. Zellulitis schwemmt normale Gewebezellen bis zur vierfachen oder fünffachen Größe auf. Um sich dem anzupassen, muß der Körper jahrelang viele tiefgreifende physiologische Veränderungen aushalten. Wenn man den ursprünglichen Zustand des Körpers mit Gewalt herbeizwingt, wird sein empfindliches funktionelles Gleichgewicht stark gestört und die Haut gehindert, ihre frühere Elastizität zurückzugewinnen. Deswegen muß diese Umstellung mit großer Geduld und sehr schonend vorgenommen werden. Eine tägliche zehnminütige Zellulitisbehandlung bringt ein optimales Ergebnis bei gleichzeitig minimaler Gefährdung der Gesundheit. Viele Frauen, die konsequent und gründlich nach diesem Schema vorgingen, waren anschließend begeistert von ihrer schlanken Figur. Hektik ist also ganz unnötig; ich garantiere Ihnen, daß Sie auch ohne Hast schlank werden.

Dabei hilft Ihnen aber keine gewöhnliche Diät, keine Creme, keine Kosmetik. Selbst mit Fasten wird Ihre Zellulitis um keinen Zentimeter wegschmelzen. Außerdem kann Fasten Ihre Gesundheit gefährden. Statt dessen müssen Sie jetzt einfach das Richtige tun!

Wenn eine Diät angeblich Fett abbaut, die Zellulitis aber nicht beseitigt, ist das eine Irreführung. Ein Blick in den Spiegel wird Sie aufklären: Wenn die Zellulitis bleibt, werden Sie nicht wirklich schlank. Dann sind Sie den schlimmsten Gefahren des Übergewichts auch noch nicht entkommen.

Akupressur und Akupunktur

Die *Akupressur* bedient sich der Bahnen für die Lebensenergie (Meridiane), um Nervosität, Streß und Spannungen zu mildern und abzubauen und den Appetit zu hemmen. Gleichzeitig kann Akupressur den Stoffwechsel verbessern. Behandelt werden bestimmte Punkte auf den Meridianen. Die Abbildung 13 (a bis f) zeigt die wichtigsten Akupressurpunkte, während die Abbildungen 14 bis 17 die Behandlungstechnik veranschaulichen.

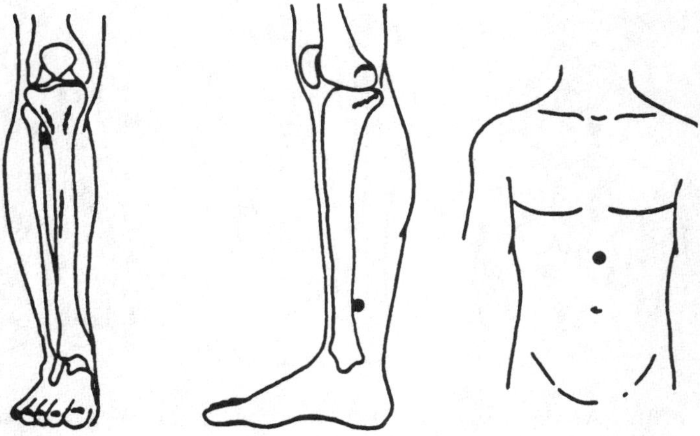

a) Magenmeridian (Fuß – Yang Ming), Punkt Ma 36 Zusanli (beide Beine)

b) Milz-Pankreas-Meridian (Fuß – Tai Yin), Punkt MP 6 Sanyinjiao (beide Beine)

c) Konzepttionsgefäß Jenn Mo (= Ren Mai), Punkt KG 12 Zhongwan)

Abb. 13: Die wichtigsten Akupressurpunkte (a bis c)

Es können alle angezeigten Punkte behandelt werden, immer jedoch ist auf den Punkt Ma 36 (Abbildung 13a) Druck auszuüben. Die Technik erläutern die Abbildungen 14 bis 17 ab Seite 87.

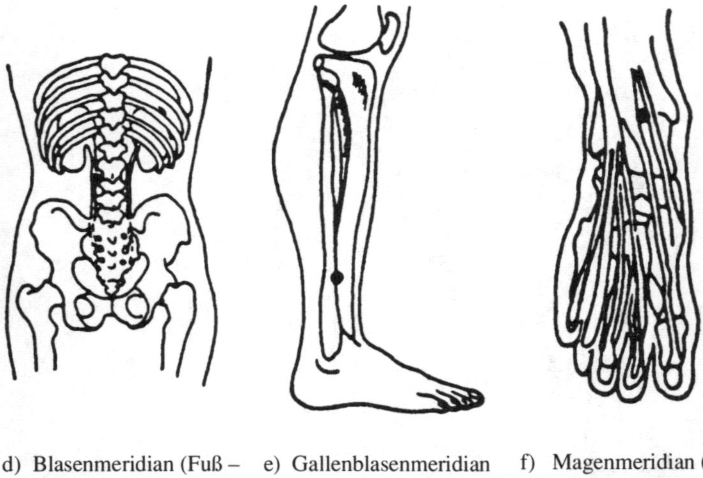

d) Blasenmeridian (Fuß – Tai Yang), Punkt Bl 23 Shenshu (beide Seiten, 2 Fingerbreit seitlich vom Dornfortsatz des 2. Lebenwirbels

e) Gallenblasenmeridian (Fuß – Shao Yang), Punkt Bg 38 Yangfu (beide Beine)

f) Magenmeridian (Fuß – Yang Ming), Punkt Ma 41 Fenglong (beide Beine)

Abb. 13: Die wichtigsten Akupressurpunkte (d bis f)

Druckanwendung:

Drücken Sie mit der Daumenkuppe oder mit der Handfläche kräftig und rhythmisch auf die zu behandelnde Stelle. Bei starken Muskelverspannungen wird oft der Ellbogen eingesetzt, da er mehr Druck ausübt und eine bessere Tiefenwirkung erzielt.

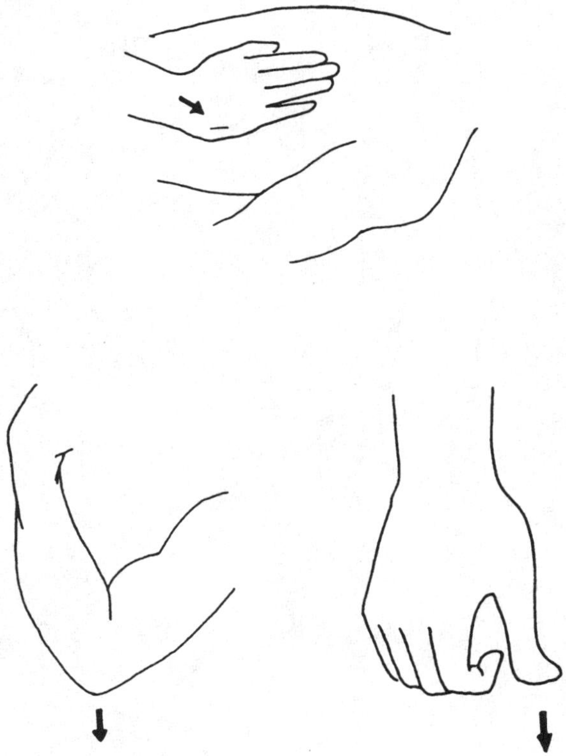

Abb. 14: Druckanwendung

Lindernde Stimulation:

Mit der Daumenkuppe, den Fingerkuppen oder der Handfläche wird die Haut leicht und schnell kreisend massiert. Diese sanfte Stimulation lindert den Schmerz an bestimmten Stellen.

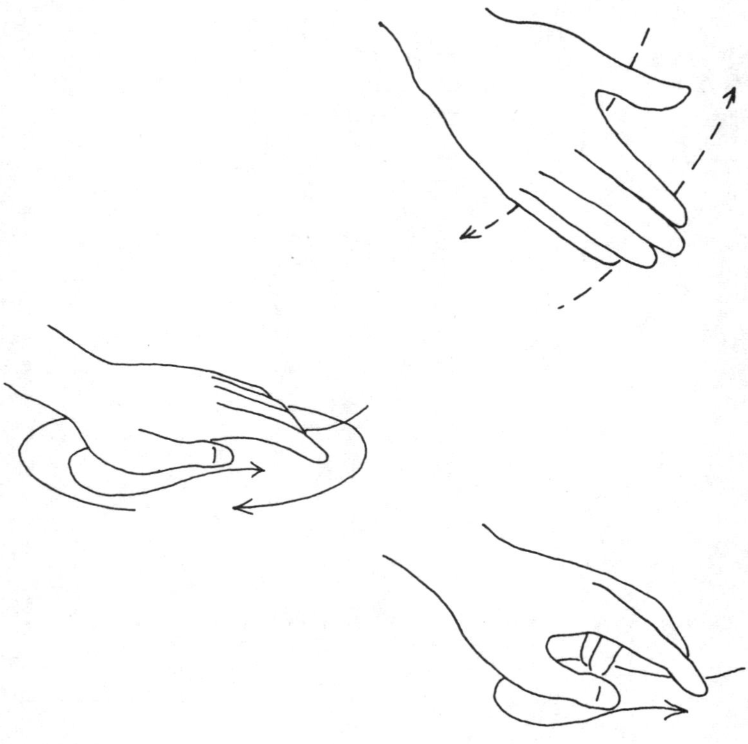

Abb. 15: Lindernde Stimulation

Streichungen:

Um die Meridiane am Rücken und an den Gliedmaßen zu stimulieren und zu lockern, benutzen Sie nur die Daumenkuppe. In der Regel werden bei einer Therapiesitzung 100 bis 300 Streichungen ausgeführt. Die Haut kann mit Babyöl oder Ingwersaft gleitfähiger gemacht werden.

Abb. 16: Streichungen

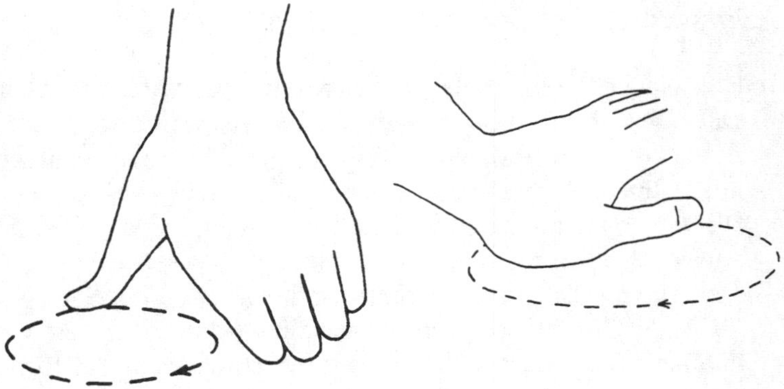

Abb. 17: Reibungen

Reibungen:

Bei den Reibungen (Abb. 17) arbeiten Sie mit Daumenkuppe und Daumenballen, mit Fingerkuppen und Handfläche. Für die Reibungen an Armen und Beinen lassen sich beide Hände gleichzeitig einsetzen. Diese Technik kann bei Arthritis sehr wirksam sein.

Eine *Akupunktur*behandlung (Nadelung) sollte nur ein ausgebildeter Akupunkteur, etwa ein Arzt mit entsprechender Zusatzausbildung, durchführen. Mit der Akupressur können Sie sich selbst behandeln oder von einem Freund behandeln lassen.

Ärztlicher Rat

Falls Sie irgendwelche gesundheitlichen Probleme haben, sollten Sie unbedingt einen Arzt aufsuchen, bevor Sie anfangen, Ihr Übergewicht abzubauen. Bei bestimmten Gesundheitsstörungen können die *inneren Übungen* eine große Hilfe sein.

Nährstoffversorgung und Ernährung

In Hinsicht auf die Ernährung sollten Sie zwei Leitsätze befolgen:

- *Der Mensch ist, was er ißt.* Anders ausgedrückt: Was Sie schlucken, wird Bestandteil Ihres Körpers. Gesunde Ernährung erhält Ihren Körper gesund, durch ungesunde wird er krank. Wenn Sie »kalte« Nahrungsmittel verzehren, werden Sie kühl. Ausgewogene Ernährung läßt Sie ausgeglichen sein.
- *Der Mensch ist, was sein Stoffwechsel leistet.* Was Sie essen, liefert die Grundsubstanz. Doch wie diese Nahrung genutzt wird, darüber entscheidet letztlich Ihr Stoffwechsel. Wenn der Körper die benötigten Nährstoffe verdauen und absorbieren und die Stoffwechselprodukte ausscheiden kann, ist er gesund. Wenn

aber die nötigen Nährstoffe nicht mit der Nahrung angeboten oder nicht absorbiert werden oder giftige Stoffe nicht ausgeschieden werden können, wird der Mensch geschwächt, krank und schließlich übergewichtig.

Nach taoistischer Auffassung beruht Gesundheit wesentlich auf einer ausgewogenen Ernährung. Der gute Gesundheitszustand fördert die Langlebigkeit und das Lebensglück. Auf der Grundlage einer sechstausend Jahre alten Tradition und Erfahrung bietet der Taoismus ein umfassendes und bewährtes System zur Pflege und Erhaltung der Gesundheit sowie ausgeglichener Körperfunktionen.

Der fünfte Teil dieses Buches enthält sechzig Rezepte für eine gesunde und ausgewogene Ernährung. Die Rezepte lassen sich sehr vielseitig für Frühstück, Mittag- und Abendessen kombinieren – zu einer abwechslungsreichen und sehr schmackhaften Kost.

DRITTER TEIL

4. Taoistische Theorien über Gesundheit und Physiologie

Die Bedeutung der Ernährung für die Gewichtskontrolle kann erst ermessen, wer den Gesundheitsbegriff insgesamt aus taoistischer Sicht verstanden hat. In dieser Sicht sind Gesundheit und Idealgewicht nämlich synonym, und die Ernährung ist direkt für den Gesundheitszustand eines Menschen verantwortlich.

Nach taoistischem Verständnis ist Gesundheit mit innerer Balance gleichzusetzen. Ein Körper, der sich wahrhaft im Gleichgewicht befindet – in dem alle Organe und Drüsen bestimmungsgemäß und regelmäßig funktionieren –, ist immer ein gesunder Körper. Jedes Ungleichgewicht einer Körperfunktion weist auf eine angeschlagene Gesundheit hin. Gestörte innere Balance oder Harmonie bedeutet Schwäche und/oder Krankheit.

Einige äußere Zeichen eines mangelnden Gleichgewichts oder einer Schwäche des Körpers bei Übergewicht sind Störungen der Herzfunktion oder der Schilddrüsenfunktion, Atemnot und eine Anfälligkeit für Infektionen. Mit Gewichtsproblemen sind aber auch andere, vielfach verborgenere Symptome oder Störungen verbunden.

Ich muß nochmals betonen, daß man dies nur begreifen kann, wenn man sich die Vorstellung zu eigen gemacht hat, daß der Körper ein sich selbst erhaltendes und regulierendes System ist und daß jedes einzelne Organ, jede Organfunktion direkt oder indirekt vom Funktionieren aller anderen Organe abhängt. Der Körper bildet eine Einheit, ein in sich vernetztes System, nicht eine Reihe regellos verbundener Bruchstücke. Von der Zelle an aufwärts erneuern sich die Körperfunktionen in jeder Sekunde unseres Lebens.

Die Theorie von den fünf Elementen

Um zu erklären, wie die verschiedenen Körper- und Organfunktionen einander beeinflussen oder beeinträchtigen, formulierten die Taoisten ihre *Theorie von den fünf Elementen.* Sie beobachteten, daß es im Universum fünf Elemente gibt – Wasser, Feuer, Erde, Metall und Holz – und daß diese Elemente so miteinander vernetzt sind, daß sie das Universum (und alles in ihm, auch uns) stabilisieren, sogar im Wandel. Das bedeutet, daß jede Bewegung in die eine Richtung durch eine Bewegung in die entgegengesetzte Richtung ergänzt wird.

Danach existieren grundsätzlich zwei Kreisläufe: der Kreislauf des Werdens und der gegenläufige Kreislauf des Vergehens. In jedem dieser Kreisläufe sind die fünf Elemente in charakteristischer Reihenfolge miteinander verbunden. Betrachten Sie zum besseren Verständnis die Abbildungen 18 und 19 (auf den Seiten 102 und 103) in diesem Kapitel.

Jedes Organ unseres Körpers ist einem der fünf Elemente zugeordnet: Lunge und Dickdarm dem Metall, Leber und Gallenblase dem Holz, Milz/Pankreas und Magen der Erde, Nieren und Harnblase dem Wasser, Herz und Dünndarm dem Feuer.

Die fünf Geschmacksqualitäten

Da die Theorie der fünf Elemente für alle Bereiche des Daseins gilt, ist sie auch auf alle Arten von Nahrungsmitteln anzuwenden. In diesem Fall werden die fünf Elemente durch fünf Geschmacksqualitäten dargestellt. Jedes Nahrungsmittel läßt sich einer der fünf Gruppen zuordnen. Die Nahrungsmittel werden auf diese Weise eingeteilt, weil jede Nahrungsmittelgruppe (oder Geschmacksqualität) auf die Organe einwirkt, denen sie innerhalb der Theorie der fünf Elemente zugehört.

So werden beispielsweise bitter schmeckende Nahrungsmittel zum Herzen geleitet, also nähren bittere Nahrungsmittel das Herz (der Volksmund sagt: »Bitter dem Mund, dem Herzen gesund!«). Die Nährstoffe und die Lebensenergie, die ein bitteres Nahrungsmittel enthält, ermöglichen dem Herzen, mehr Gewebe aufzubauen, und stärken und verbessern dadurch seine Funktion. Wer einmal kurz hintereinander zwei oder drei Tassen starken Kaffee getrunken hat, der hat erlebt, daß »sein Herz wie verrückt schlug«. Kaffee ist bitter, daher wirkt er unmittelbar auf das Herz. Leider unterstützt er das Herz aber kaum oder gar nicht durch Nährstoffe, sondern veranlaßt es nur, schneller zu schlagen.

Die nachstehende Tabelle veranschaulicht die Zusammenhänge zwischen den fünf Elementen und den Yin-Yang-Organpaaren, den Oberflächenorganen, den Körperöffnungen und den Geschmacksqualitäten:

Tabelle 1: Zusammenhänge zwischen den Elementen, Geschmacksqualitäten, Organen und Körperöffnungen

Element	*Geschmacksqualität*	*Organpaar Yin/Yang*	*Oberflächenorgan*	*Körperöffnung*
Metall	scharf	Lunge/Dickdarm	Haut	Nase
Holz	sauer	Leber/Gallenblase	Nerven	Augen
Erde	süß	Milz/Pankreas, Magen	Muskeln	Mund
Wasser	salzig	Nieren/Harnblase	Knochen	Ohren
Feuer	bitter	Herz/Dünndarm	Blutgefäße	Zunge

Mit anderen Worten: scharfe oder würzige Nahrungsmittel sind Nahrung für die Lunge und den Dickdarm. So wirken beispielsweise Zimt, Paprika, Pfeffer und Curry heilsam bei Erkältung und

Husten. Tatsächlich sind diese Würzmittel Grundlage mancher Hausmittel gegen diese Erkrankungen.

Saure Speisen sind gut für die Leber. Äpfel, Pampelmusen und die in der chinesischen Küche gern verwendeten »goldenen Nadeln« (Lilienknospen; Rezeptbeispiel auf Seite 157) zählen zu den sauren Lebensmitteln.

Die Geschmacksqualität süß ist gut für das Pankreas, zum Beispiel Stangenbohnen.

Den Nieren wird das Salz zugeordnet. Salz stimuliert die Nierenfunktion. Zuviel Salz allerdings überlastet und schwächt sie. Eine geschwächte Niere, etwa bei Menschen, die an Ödemen leiden, muß entlastet werden. Sie braucht keine zusätzliche Stimulierung der Art, wie Diuretika sie bewirken.

In der nebenstehenden Tabelle finden Sie eine Übersicht der einzelnen Nahrungsmittel beziehungsweise -gruppen und ihre Zuordnung zu den einzelnen Geschmacksqualitäten.

Tabelle 2: Zuordnung von Nahrungsmitteln zu den fünf Geschmacksqualitäten

Süß	*Sauer*	*Bitter*	*Salzig*	*Scharf*
Auberginen, Backwaren, Bohnen, Dörrobst, Dosenobst, Eierflip, Erbsen, Erdnüsse (frische), Fruchtsaft (frischgepreßter), Getränke (alkoholfrei), Getreide, Gurke, Hafermehl, Hirse, Honig, Jicama, Karotten, Kleie, Kohl, Kokosnuß, Kopfsalat, Kuchen, Kürbis, Mais, Mandeln, Melasse, Milch, Milchgetränke, Obst (gesüßtes), Paranüsse, Pasteten, Pekannüsse, Pudding, Reis, Rote Bete, Sahne, Saubohne, Schneeerbsen, Sirup, Sonnenblumenkerne, Speiseeis, Stangenbohnen, Stärke, Süßkartoffeln, Süßwaren, Walnüsse, Weizen, Wunderbohnen, Zucker	Brot Buttermilch Fleisch (rot) Fruchtsäfte Grillsoße Grünkohl Hagebutte Hefe Huhn Joghurt Keimlinge Leber Mayonnaise Obst (roh) Pickles Rindfleisch Sahne (saure) Salami Salatsoßen Süßwasserfische Tartarensoße Tomaten Truthahn Weinessig Würste	Artischocken Avocado Bambussprossen Blattgemüse (grüne) Bittermelone Blumenkohl Brokkoli Endivie Gelatine Gemüse (grüne) Herz Kaffee Kakao Kohlrübe (gelbe) Kresse Lauch Mangold Napakohl Oldenlandia Pilze Rüben Schokolade Sellerie Senf (chinesischer) Spargel Spirulina Tee (schwarzer) Wolkenohren	Algen Butter Eier Fertiggerichte (meist) Käse Kaviar Knochen Konservennahrung Margarine Nieren Oliven (eingelegt) Rind (zubereitet) Salz Schalentiere Schinken Seefisch Sojasoße Tiefkühlkost Tofu	Anis Basilikum Cayennepfeffer Chili Curry Dill Ingwer Knoblauch Lauch Lunge Minze Oregano Paprika Petersilie Rhabarber Senf Thymian Trüffel Vanille Wein Zwiebeln

Ich sagte bereits, daß bittere Nahrungsmittel gut für das Herz sind. Die Gerichte, die in westlichen Ländern gegessen werden, enthalten jedoch nur wenige bittere Nahrungsmittel. Zum Glück für unser Herz hält die Natur indes viele bittere Kräuter, die vergessenen Heilpflanzen, für uns bereit.

(Die Zuordnung in Tabelle 2 wird Sie womöglich verwirren. Auch wenn Sie meinen, ein Nahrungsmittel stünde in der falschen Rubrik: Es ist korrekt eingeordnet, verändert sich aber erst im Organismus entsprechend.)

Tabelle 3: An den fünf Geschmacksqualitäten orientierte, ausgewogene Ernährung

Um eine im Sinn der Theorie der fünf Elemente ausgewogene Ernährung zu realisieren, sollte diese sich alle vierundzwanzig Stunden folgendermaßen zusammensetzen:

süß	20 %
sauer	20 %
bitter	20 %
scharf	20 %
salzig	20 %

Tabelle 4: Beispiel für eine betont süße Ernährung

Wer sich nicht an einen ausgewogenen Ernährungsplan hält, wird über kurz oder lang erkranken und an Gesundheitsstörungen leiden. Wenn sich die Ernährung eines Menschen beispielsweise so zusammensetzt:

süß	50 %
sauer	30 %
scharf	10 %
bitter	5 %
salzig	5 %

können folgende Beschwerden oder Krankheiten auftreten: Hypoglykämie, Diabetes, Sodbrennen, Verdauungsschwäche, Verstopfung, Wasserretention.

Tabelle 5: Betont saure und salzige Ernährung

Bei der nachstehenden prozentualen Zusammensetzung ist es sehr wahrscheinlich, daß der Betreffende eine Nierenschwäche und ein Nierenleiden, eine Herzkrankheit und hohen Blutdruck bekommen wird:

süß	20 %
sauer	30 %
scharf	10 %
bitter	10 %
salzig	30 %

Das entscheidende Kriterium heißt Ausgewogenheit. Wenn ein Organ zu schwach ist, können Sie es nicht überstimulieren, ohne es auf die Dauer noch mehr zu schwächen. Wenn zum Beispiel jemand tagaus, tagein zu viele Äpfel (saures Nahrungsmittel) verzehrt, wird er dadurch schließlich seine schwache Leber überlasten, auch wenn diese aktiviert wird und vorübergehend kräftiger zu sein scheint. In diesem Fall würde man nach taoistischer Ernährungslehre den Körper zuerst ins Gleichgewicht bringen, um sich dann umfassender und differenzierter mit der Leber zu befassen. Nach der Theorie von den fünf Elementen fördern und regulieren die fünf

Elemente (und die ihnen zugeordneten Organe) einander wechselseitig, und zwar nach einer vorgegebenen Reihenfolge:

Wasser zeugt Holz.
Holz zeugt Feuer.
Feuer zeugt Erde.
Erde zeugt Metall.
Metall zeugt Wasser.

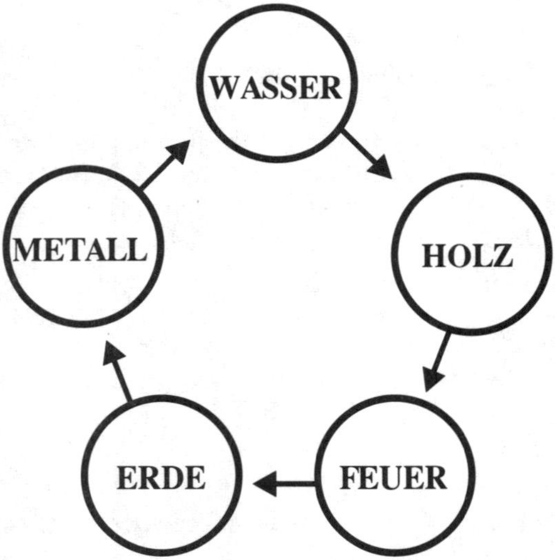

Abb. 18: Der positive Zyklus

Dies ist der Kreislauf des Werdens oder der positive Zyklus. Jedes Element in diesem Zyklus erzeugt oder stärkt das nächstfolgende, und jedes Element wird im Laufe dieses Zyklus immer stärker.

Sein Gegensatz oder Gegenpol ist der negative Zyklus.

Wasser absorbiert oder unterwirft Feuer.
Feuer absorbiert oder unterwirft Metall.
Metall absorbiert oder unterwirft Holz.
Holz absorbiert oder unterwirft Erde.
Erde absorbiert oder unterwirft Wasser.

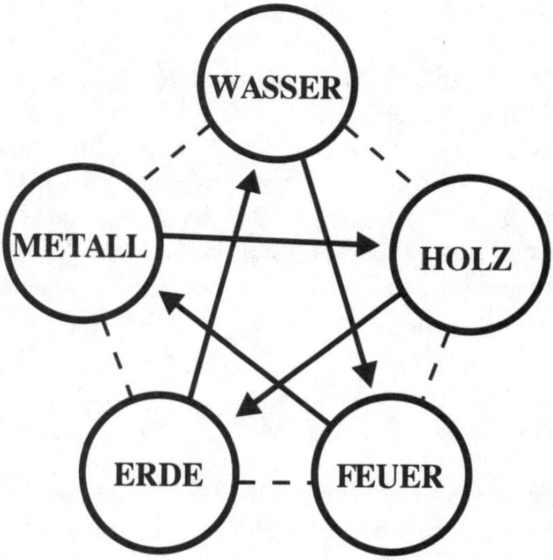

Abb. 19: Der negative Zyklus

Beim negativen Zyklus oder Kreislauf des Vergehens schwächen die Elemente einander. Sie wirken also dem Werden und Wachsen des positiven Zyklus entgegen. Diese zyklischen Interaktionen nutzt die taoistische Heilkunde und Ernährungslehre, um die Funktion und Gesundheit einzelner Körperteile oder Organe gezielt regulierend zu beeinflussen. Indem Sie zum Beispiel die Nieren (Wasser) kräftigen, stärken Sie indirekt auch die Leber (Holz), denn nach der Theorie der fünf Elemente zeugt Wasser Holz. Indem Sie eine Überfunktion der Lungen (Metall) bremsen oder regulieren, entlasten Sie auch die Leber (Holz), da Metall Holz verschlingt oder unterwirft. Also kann eine schwache Leber (Yin) normalisiert werden, indem man das komplementäre Organ (Yang) fördert. Diese zyklischen Interaktionen gelten auch für die verschiedenen Funktionsebenen im Körper, von den Organpaaren über die Oberflächenorgane bis hin zu den Körperöffnungen, wie in Tabelle 1 dargestellt. Wer schwache Nieren hat, wird beispielsweise zu Ohrenschmerzen, Ohrgeräuschen und Infektionen der Ohren neigen. Kräftige Lungen (Metall) stärken die Nieren (Wasser) – Metall zeugt Wasser! – und beseitigen die Anfälligkeit für Ohrenschmerzen (vergleiche Tabelle 1).

Der Schlüssel zur Stimulierung und die Nährstoffversorgung für den Aufbau von Gewebe in den verschiedenen Teilen des Körpers werden, wie schon erläutert, von der Geschmacksqualität des zugeordneten Nahrungsmittels bestimmt. Diese Vorstellung gilt für alle Nahrungsmittel – nicht nur für die Ware, die wir im Supermarkt kaufen, sondern auch für Heilkräuter.

Die energetische Qualität von Nahrungsmitteln

Zur Regulierung oder »Abstimmung« der allgemeinen Körperfunktionen müssen wir wissen, wieviel Energie den verschiedenen Teilen des Körpers durch die aufgenommene Nahrung zugeführt wird.

Tabelle 6: Energetische Eigenschaft und Wirkung der Nahrung

Energetische Qualität	*Energiewirkung*	
heiß	stark energetisch	
warm	mäßig stark	Yang
neutral	weder positiv noch negativ	
kühl	leicht energiemindernd	Yin
kalt	stark energiemindernd	

Kühle und kalte Nahrungsmittel werden »Yin« zugeordnet. Bei Verspannungen und Stauungen können kühle oder kalte Nahrungsmittel gegeben werden, um die blockierte Energie freizusetzen. Grundsätzlich sollten kühle und kalte Nahrungsmittel mit einem geringen Anteil heißer Nahrungsmittel zubereitet werden, um die Energie auszugleichen, so daß nicht zuviel Energie verlorengeht.

In Tabelle 7 sind einige häufig verzehrte Nahrungsmittel nach ihrer energetischen Qualität zusammengestellt.

Tabelle 7: Energetische Qualität einiger Nahrungsmittel

Kalt	*Kühl*	*Neutral*	*Warm*	*Heiß*
Sellerie	Algen (Spirulina)	Eier	Bohnen	Chili
Süßwasserfische	Butter	Getreide	Rindfleisch	Zimt
Schalentiere	Milchprodukte	Schwarzer Tee	Kaffee	Knoblauch
	Obst (meist)	Tofu	Geflügel	Ingwer
	grüne Gemüse		Wurzelgemüse	Lamm
	Pilze		Blumengemüse	Pfeffer
	Speiseöl			Wild
	Schweinefleisch			
	verarbeitete Nahrungsmittel			
	Gefrierkost			

Nach der Lehre von den fünf Elementen soll das innere Gleichgewicht im Bereich eines Organs auch mit den Körperfunktionen insgesamt harmonieren. Eine von Alkoholmißbrauch geschwächte (und deswegen auf niedrigem Energieniveau funktionierende) Leber (Holz) wird ihre regulierende Wirkung auf den Magen (Erde) einbüßen. Der nun unkontrollierte Magen beginnt, sich zu überarbeiten. Unter anderem bewirkt diese Überfunktion, daß der Magen zuviel Säure produziert, und der Betroffene bekommt Sodbrennen.

Auf die Ernährung angewandt, enthüllt die taoistische Energielehre ein weites Feld, das für westlich orientierte Ernährungswissenschaftler bislang Neuland war. Zum Beispiel führt Lamm, aus der Gruppe heiß, zusätzliche Energie zu, während das kühle Schweinefleisch das Energieniveau herabsetzt. (Schweinefleisch eignet sich bei Stauungen, hat aber bei geschwächten Personen eine nachteilige Wirkung.)

Das energetische Gleichgewicht der Nahrungsmittel

Damit die Organe ungehindert funktionieren und die Verdauung und die Stoffwechselprozesse ordnungsgemäß ablaufen können, muß die Energie oder Lebenskraft zwischen den Organen ausgeglichen sein. Jedes Nahrungsmittel liefert eine spezifische Menge an Energie, und die Energieaufnahme insgesamt muß dem Bedarf des Körpers angemessen sein und ein Ungleichgewicht, das vielleicht schon im Organismus vorhanden ist, beheben.

Bei der Energie, von der hier die Rede ist, handelt es sich um die Lebenskraft, die unser Blut durch die Adern treibt und unsere Organe arbeiten läßt. Ohne diese Energie wäre unser Körper wie eine funktionstüchtige Maschine ohne Antrieb oder Treibstoff, der sie zum Laufen bringt. Diese Energie ist die Essenz des Lebens und fördert die natürlichen Prozesse des Wachstums, der Erneuerung und der Abwehr von Krankheit und Infektionen. Diese Energie darf nicht mit dem Kalorienbegriff der Ernährungswissenschaft verwechselt werden. Kalorien sind der Brennstoff, der zum Beispiel bei der Muskelarbeit verbraucht wird.

Jedes Nahrungsmittel hat eine bestimmte energetische Qualität, die zwischen kalt und heiß liegt. Ein Nahrungsmittel der Qualität warm oder heiß führt einem angegriffenen Organ entsprechend der zugehörigen Geschmacksqualität Lebensenergie zu. Ein energetisch kühles oder kaltes Nahrungsmittel mindert die Vitalenergie des angegriffenen Organs, entsprechend seiner Geschmacksqualität (vergleiche Tabelle 6). Ein schwaches (also energiearmes) Organ, das wieder zu Kräften kommen soll, braucht energetisch warme oder heiße Nahrungsmittel. Umgekehrt müssen einem entzündeten Organ energetisch kühle oder kalte Nahrungsmittel zugeführt werden, um die Entzündung (Energie über der Norm) einzudämmen. Energetisch neutrale Nahrungsmittel führen dem Organismus weder Lebensenergie zu, noch leiten sie welche ab.

Die heißen und warmen Nahrungsmittel gelten als »Yang«, das heißt positiv und energiespendend. Energetisch heiße Nahrungsmittel führen zuviel Energie zu, als daß man große Mengen davon verzehren dürfte. Ingwer zum Beispiel ist ein stark yangbetontes Nahrungsmittel, das in kleinen Mengen und mit anderen ausgleichenden Nahrungsmitteln gemischt unproblematisch ist, dagegen in großen Mengen oder unvermischt sehr schädlich sein kann.

Wenn Sie schwach sind, brauchen Sie warme Nahrungsmittel. Viele Menschen, die eigentlich vegetarisch essen, bereichern ihre Ernährung um Fisch, weil sie glauben, das zusätzliche (tierische) Eiweiß brächte ihnen einen Energieschub. Statt dessen schwächt oder senkt Fisch, da er energetisch kühl ist, ihr Energieniveau weiter ab, indem er dem Körper noch mehr Energie entzieht.

Ebenso können Kalorienbomben den Körper seiner Lebensenergie berauben. Zucker etwa enthält wohl reichlich Kalorien, ist aber energetisch kühl. Hoher Verzehr von Zucker entleert die in der Bauchspeicheldrüse (nach der Lehre von den fünf Elementen der Geschmacksqualität süß zugeordnet) gespeicherte Lebensenergie und schwächt dieses Organ funktionell. Das geschwächte Pankreas schüttet dann übermäßig viel Insulin ins Blut aus, um den erhöhten Blutzuckerspiegel zu neutralisieren.

Kalendarische Trennkost

Einige Lehrmeinungen setzen sich sehr für eine Art kalendarische Trennkost ein. Danach werden die Elemente und die mit ihnen verbundenen Geschmacksqualitäten jeweils einem Monat der vier Jahreszeiten zugeordnet. Jede Jahreszeit wird also von einer bestimmten Geschmacksqualität dominiert. Das bedeutet, daß man mehrere Monate lang überwiegend Nahrungsmittel einer einzigen Geschmacksqualität zu sich nehmen soll – ein Vorgehen, das wahre Taoisten grundsätzlich meiden. Im *Nei Ching,* dem Buch des Gelben Kaisers über innere Medizin, wird im 27. Kapitel ausdrücklich vor derartigen unausgewogenen Ernährungsweisen gewarnt. Es heißt dort, daß übermäßiger Verzehr von Nahrungsmitteln einer einzigen Geschmacksqualität von Übel sei. Wer über längere Zeit zuviel saure Speisen ißt, regt die Funktion der Leber übermäßig an und schädigt Leber, Gallenblase und Nervensystem. Ebenso schädigt einseitiger Verzehr scharfer Speisen die Lunge, den Dickdarm und die Haut. Wer längere Zeit zuviel gesalzene Speisen verzehrt, schwächt die Nieren, die Harnblase und die Knochen. Genauso schwächt der zu reichliche Verzehr süßer Speisen Milz, Pankreas, Magen und Muskeln. Schließlich beeinträchtigt der übermäßige Verzehr bitterer Nahrungsmittel das Herz, den Dünndarm und die Blutgefäße.

Wenn man dennoch eine kalendarische Trennkost praktizieren will, muß man außerdem auf Jahr, Tag und Uhrzeit bezogene Ernährungskonzepte berücksichtigen. Nach der Theorie von den fünf Elementen sind die Elemente neben den monatlichen (jahreszeitlichen) Zeitabschnitten außerdem jährlichen, täglichen und stündlichen Zeitabschnitten zugeordnet. Wollte man aber dieses umständliche Ernährungskonzept verwirklichen, geriete man in große Verwirrung, wie Sie gleich sehen werden. In jedem Fall hätten Sie das Nachsehen. Deswegen vertreten wahre Taoisten solche Ernährungskonzepte nicht.

Die folgende Tabelle gibt eine Übersicht über die Ernährungsplanung in bezug auf Jahr, Monat (Jahreszeiten), Tag und Stunden.

Tabelle 8: Die Elemente und ihre Beziehung zu den Uhrzeiten, Tagen, Monaten, Jahreszeiten und Jahren

ELEMENT	HOLZ		ERDE	FEUER		ERDE	METALL		ERDE	WASSER		ERDE
JAHR	1986	1987	1988	1989	1990	1991	1992	1993	1994	1995	1996	1997
JAHRES ZEIT	FRÜHLING			SOMMER			HERBST			WINTER		
MONAT	Feb.	März	April	Mai	Juni	Juli	Aug.	Sept.	Okt.	Nov.	Dez.	Jan.
TAG	5. 1. 1987	6. 1. 1987	7. 1. 1987	8. 1. 1987	9. 1. 1987	10. 1. 1987	11. 1. 1987	12. 1. 1987	13. 1. 1987	14. 1. 1987	15. 1. 1987	16. 1. 1987
UHRZEIT	3–5 h	5–7 h	7–9 h	9–11 h	11–13 h	13–15 h	15–17 h	17–19 h	19–21 h	21–23 h	23–1 h	1–3 h

Nach dieser Tabelle gehören die Jahre 1986 und 1987 dem Holz (Geschmacksqualität: sauer); 1988 ist der Erde (süß) zugeordnet; 1989 und 1990 dem Feuer (bitter); 1991 der Erde (süß); 1992 und 1993 dem Metall (scharf); 1994 der Erde (süß); 1995 und 1996 dem Wasser (salzig); 1997 der Erde (süß); 1998 und 1999 wieder dem Holz (sauer) – ein neuer Zwölfjahreszyklus beginnt. Nach dieser Tabelle bilden stets zwölf Monate einen eigenen Zyklus. Außerdem vollendet sich alle zwölf Tage und alle zwölf Stunden ein Zyklus. Wenn wir unseren gesunden Menschenverstand außer acht ließen und den oben beschriebenen Ernährungsplan mechanisch befolgten, müßten wir im Laufe eines Tages während vier Stunden saure Speisen, dann zwei Stunden süße, vier Stunden bittere essen, und so weiter. Wir würden außerdem während 48 Stunden Nahrungsmittel nur einer Geschmacksqualität, danach während 24 Stunden Nahrungsmittel einer anderen und so fort essen. Ferner würden wir einen beziehungsweise zwei Monate lang Nahrungsmittel einer einzigen Geschmacksqualität zu uns nehmen. Und wir würden maximal zwei Jahre lang Nahrungsmittel einer einzigen Geschmacksqualität verzehren. Niemand kann sagen, wie wir feststellen sollen, welches Nahrungsmittel wir bevorzugen sollen, wenn das Element der Uhrzeit mit dem des Tages, das Element des Tages mit dem des Monats, das Element des Monats mit dem des Jahres kollidiert. Ebensowenig weiß man, wie unsere Organe soviel Salz, Schärfe und dergleichen auf einmal verkraften sollen. Schon der Gelbe Kaiser und nach ihm alle wahren Taoisten betrachteten solche Ernährungskonzepte als vollkommen unlogisch, nicht praktikabel und vor allem als unausgewogen und schädlich.

Die vergessenen Heilpflanzen

Es ist wichtig, sich ausgewogen im Sinn unserer Definition zu ernähren, um gesund zu bleiben oder ein im Organismus bestehendes Ungleichgewicht nicht zu verschlimmern. Manche Störungen des inneren Gleichgewichtes infolge schwerer Krankheit (zum Beispiel Hepatitis) oder schweren Mißbrauchs lassen sich nicht durch die Nahrungsmittel korrigieren, die üblicherweise im Supermarkt angeboten werden, auch nicht, wenn man das taoistische Wissen über richtige Ernährung anwendet. Ein Ungleichgewicht etwa, das auf einer Schädigung des Lebergewebes beruht, läßt sich nur beseitigen, wenn man die Nahrungsmittel oder Pflanzen einbezieht, die als »vergessene Heilkräuter« bezeichnet werden. Diese Heilpflanzen, wie die Gattung Bupleurum (Hasenohr; verwendet wird die Wurzel) als Lebertherapeutikum, sind jahrhundertelang vernachlässigt worden, weil unsere Vorfahren ihre Ernährung immer mehr auf wohlschmeckende, leicht verkäufliche Nahrungsmittel einschränkten. Die Lehre von den vergessenen Pflanzen, die Heilpflanzenkunde, ist ein besonderer und komplizierter Wissenszweig, auf den hier wegen seines Umfangs nicht eingegangen werden kann.

Das Säure-Basen-Gleichgewicht der Nahrungsmittel

Bei dem Begriff »ausgewogene Ernährung« denkt man meist sofort an die allgemein akzeptierte Vorstellung von einer Ernährung mit den Hauptnährstoffgruppen (Eiweiß, Fett, Kohlenhydrate, Vitamine und Mineralstoffe), die so oft von westlichen Ernährungswissenschaftlern diskutiert werden.

Es besteht noch ein weiterer, für die Gesundheit wesentlicher Aspekt von »Ausgewogenheit« oder Gleichgewicht. Dieses Gleichgewicht betrifft den Säure- oder Basengehalt (pH-Wert) der Nahrungsmittel, die wir verzehren. Wenn die Nahrung in unserem Magen für ein zu saures oder zu basisches (alkalisches) Milieu sorgt, wird sie von unserem Organismus nicht ausreichend verwertet. Außerdem wird Nahrung, deren pH-Wert nicht ausgeglichen ist, zu langsam verdaut und ist damit in Gefahr, im Verdauungstrakt zu faulen. Wenn das geschieht, bilden unverdaute Speisen einen willkommenen Nährboden für Keime und Parasiten, die mit der Nahrung in Magen und Darm gelangen. Ein ausgeglichener pH-Wert im Magen hält Keime fern, während die Stoffwechselvorgänge im Körper ablaufen. Ist das Säure-Basen-Gleichgewicht jedoch gestört, fallen die Mikroorganismen im Essen und im Körper gleichsam über die Nahrung her und spalten sie in unvollständige Bausteine auf. Der Körper sollte von den Nährstoffen in den Speisen profitieren, absorbiert aber statt dessen die Gifte aus der (unvollständigen) Zersetzung. (Sie brauchen nur einmal hinter einer Gaststätte einen Blick in die Mülltonne zu werfen, in der Essensreste verderben. Nicht lange vorher servierte man Gästen dieses Essen. Das einzige, was Vorder- und Rückseite der Gaststätte trennt, ist eine Mauer und eine Zeitspanne von ein paar Stunden.) Niemand würde ohne Not Abfälle aus der Mülltonne essen; denn schließlich weiß jeder, daß man sich damit vergiften kann. Und dennoch führen wir unserem Körper immer dann giftige Nahrung zu, wenn wir bei unserem Speiseplan nicht an das Säure-Basen-Gleichgewicht denken. (Übler Mundgeruch ist übrigens oft ein Warnsignal, daß das Essen im Magen unvollständig verdaut wurde.)

Eine ausgewogene Speise wird rasch und gründlich im Verdauungstrakt aufgespalten, und die Reste werden als Fäzes (Kot) ausgeschieden. Die Magen-Darm-Passage erfolgt, ohne daß die Nahrung sich in eine Brutstätte unerwünschter Mikroorganismen verwandelt.

Die übliche Ernährung eines Durchschnittsamerikaners oder Durchschnittseuropäers ist stark bis mäßig säureüberschüssig – das erklärt auch, warum mit Antazida, also säurebindenden Medikamenten, in diesen Ländern so riesige Umsätze erzielt werden. Die Antazida neutralisieren die Säure im Magen. Das verschafft vorübergehend Erleichterung, genauso wie es die Werbung verheißt. Sie unterschlägt freilich, daß der Magen Säure benötigt, um die Nahrung verdauen zu können. Wenn wir die Magensäure mit Pillen neutralisieren, bleibt das Essen zu lange im Magen liegen. Dann muß der Magen schließlich mehr Säure produzieren, um es zu verdauen – dies führt zu Sodbrennen, und das bekämpfen wir wieder mit einem Antazidum. So kommt ein Teufelskreis zustande, bei dem Sodbrennen und Einnahme von Antazida einander hochschaukeln.

Die nachstehende Tabelle 9 verdeutlicht den hohen Anteil saurer Nahrungsmittel in einem typischen Menü.

Tabelle 9: Sauer oder basisch wirkende Nahrungsmittel

Sauer	*Basisch*
Aperitif, Cocktail (Alkohol ist stets sauer), Tee oder Fruchtsaft	kleine Portion grünes Gemüse
Suppe (auf Tomatenbasis), Brot (oder Croûtons)	gebackene Kartoffeln
Salatsoße	
Fleisch, Fisch oder Käse	
Wein	
süßes Dessert	
Kaffee, Tee oder Saft	

Das Mengenverhältnis der sauren zu den basischen Nahrungsmitteln beträgt in dieser Tabelle 8 zu 2! Und nicht nur das, sondern damit Fleisch- und Gemüseportionen ausgewogen sind, müßten Sie gleiche Mengen an Gemüse und Fleisch, also die Hälfte Fleisch und die andere Hälfte Gemüse essen. Nur wenn Sie wissen, was Ihr Körper braucht, und Ihren Speisezettel entsprechend zusammenstellen, ist gewährleistet, daß Ihre Mahlzeiten in bezug auf den pH-Wert ausgewogen sind.

Die nächste Tabelle (Tabelle 10) zeigt Ihnen, welche Nahrungsmittel die Theorie als sauer oder basisch bezeichnet. In manchen Fällen können sie im Magen eine Reaktion auslösen, die ihre übliche Wirkung gänzlich zunichte macht. Beispielsweise können manche basischen Nahrungsmittel den Magen veranlassen, mehr Säure zu produzieren. Im Magen selbst wirkt das betreffende Nahrungsmittel dann leicht sauer.

Tabelle 10: Säure-Basen-Gleichgewicht

Sauer		*Basisch*
Alkohol (alle Arten)	Fisch	Gemüse (gekocht)
Brot (oder Croûtons)	Fruchtsäfte	Getreide
Käse	Fleisch	inkl. Reis
Kaffee	Salatsoßen	grüne Gemüse
Gefrierkost (alle)	Suppen	Kartoffeln
süße Desserts	(auf Tomaten-	(geb., gekocht)
	basis)	Keimlinge
	Tee	

Vom Gleichgewicht der Nährstoffe

Es heißt, daß wir Mahlzeiten mit ausgewogenem Nährstoffgehalt zu uns nehmen sollen, und zwar täglich soundso viel Eiweiß, Fett, Kohlenhydrate, Vitamine, Mineralien und andere »Nährstoffe«. Wenn Sie mich fragen, ob Sie diese benötigen, würde ich die Gegenfrage stellen: »Was sind Vitamine? Was sind Mineralstoffe? Was sind Proteine?« und »Wieviel wissen wir wirklich über diese Bestandteile unserer Nahrung?«

Um auf den Punkt zu kommen: »Proteine«, »Vitamine« und »Mineralstoffe« sind bloß Namen, die Wissenschaftler sich für die wirksamen Komponenten der von ihnen untersuchten Nahrungsmittel ausgedacht haben. Immer wieder entdecken Wissenschaftler neue Komponenten, erfinden sie neue Bezeichnungen, um die Substanzen zu charakterisieren. Außerdem versuchen sie, Nahrungsmittel anhand der daraus isolierten Komponenten zu erklären. Zum Beispiel haben Biochemiker in Äpfeln die Vitamine C und A, Fruchtzucker, Pektine und Laetrile (sogenanntes Vitamin B_{17}, Amygdalin) nachgewiesen. Daraus schließen sie, daß diese Nährstoffe beim Verzehr eines Apfels zugeführt werden. Oder noch schlimmer, sie behaupten, man könne den Apfel ersetzen, indem man sich die einzelnen Komponenten einverleibe.

Die meisten Leute wissen, daß ein Apfel nicht nur aus Vitamin C, Fruktose, Pektinen und Amygdalin (in den Kernen) besteht. Die überwiegende Zahl der Wissenschaftler erkennt an, daß in dem Apfel wahrscheinlich an die zweitausend weitere Komponenten vorhanden sind, die bisher noch nicht benannt wurden. Wenn wir einen Apfel essen, wird das Vitamin C aus dem Apfel durch ein Enzym der Darmwand herausgelöst und mit den etwa zweitausend anderen freigesetzten Bestandteilen absorbiert. Mit einemmal wird eine ausgewogene Nährstoffzufuhr ganz einfach erreicht. Wenn wir diese Komponenten jedoch aus dem Apfel isolierten und in reinem Zustand einnähmen, anstatt den echten Apfel zu essen, würden wir unsere wissenschaftliche Erkenntnis falsch gebrauchen. Schlucken wir natürliche oder synthetische Vitamine separat, enthalten wir uns alle anderen Nährstoffe vor.

Im übrigen müssen Sie sich darüber im klaren sein, daß Sie stets ein Risiko eingehen, wenn Sie synthetisch hergestellte Vitamine einnehmen. Die handelsüblichen Vitaminpräparate liefern in der Regel nicht natürliche, sondern synthetisch erzeugte (also vom Chemiker »zusammengebaute«) Vitamine. Vitamin C beispielsweise wird nicht aus Orangen gewonnen und in Tabletten gepreßt. Vielmehr stellt es die Industrie in einem billigen Vierstufenverfahren, bei dem Enzyme und Chemikalien eingesetzt werden, aus

Zuckern her. Spuren der beim Herstellungsprozeß verwendeten oder entstehenden chemischen Substanzen können das Endprodukt verunreinigen. Da einige dieser Substanzen möglicherweise giftig sind, kann auch das synthetisch hergestellte Vitamin C giftig sein. Wir wissen im einzelnen nicht, welche chemischen Reaktionen stattfinden, wenn die Beimengungen des synthetischen Vitamins mit den Verdauungssäften, die ja auch chemisch definiert sind, zusammentreffen. Außerdem ist kaum jemandem bekannt, wieviel zusätzliche Nährstoffe sein Körper benötigt. Es kann sich sehr nachteilig auswirken, wenn der Organismus mit hohen Dosen eines Vitamins belastet wird. Zum Beispiel kann die fortgesetzte Einnahme sehr hoher Vitamin-A-Dosen zu einer Entkalkung der Knochen, zu Knochenauftreibungen, Kopfschmerzen, Durchfall, Übelkeit und anderem mehr führen. Diese Gefahr läßt sich vermeiden, indem man dem Organismus die Möglichkeit bietet, selbst die benötigten Wirkstoffe aus der Nahrung zu lösen und zu absorbieren.

Ich respektiere die gesicherten wissenschaftlichen Erkenntnisse und halte sie für wertvoll. Aber sie sind unvollständig, und ich finde, wir sollten uns nicht zu stark oder sklavisch an Theorien über ein noch nicht vollständig erschlossenes Wissensgebiet halten. Nahrungsmittelkomponenten genügen nicht, um gesund zu bleiben. Wir sollten vollwertige Nahrungsmittel essen, und zwar in möglichst naturbelassenem Zustand. Es sind Beispiele von Hungerstreikenden bekannt, denen ausgewogene Nährstoffcocktails zwangsinjiziert wurden – und die dennoch an Mangelernährung starben. Ihr Organismus konnte die ausgeklügelte, wissenschaftlich »solide« Nährstoffkombination nicht absorbieren oder verwerten. Ähnliches geschieht, wenn Sie eine Tablette mit B-Vitaminen einnehmen: Anstatt sie wie Kaffee oder andere natürlich vorkommende Nahrungsmittel zu absorbieren, verweigert der Organismus die Annahme. Wenn wir große Mengen schwarzen Kaffee trinken, scheiden wir bekanntlich etwa zwei Stunden später eine Flüssigkeit (Harn) aus, die mit Kaffee keinerlei Ähnlichkeit mehr hat. Dies ist dadurch bedingt, daß der Kaffee bei der Passage durch die vielen Abteilungen des Verdauungstraktes zahlreiche biochemische Veränderungen erfährt, sich mit den Verdauungssäften mischt, abgebaut, absorbiert und durch die Nieren gefiltert wird. Wenn wir eine Vitamin-B-Tablette schlucken, geschieht das aber nicht. In der Tablette ist das Vitamin B_2 gelb und hat einen typischen Geruch. Zwei Stunden nach der Einnahme und nach Durchlaufen des gesamten Verdauungsprozesses verlassen die Vitamine den Körper ziemlich unverändert – der Harn riecht und sieht so aus wie flüssige B-Vitamine. Der Organismus hat sie nicht absorbiert und verwertet. Ähnlich ist das Resultat, wenn B-Vitamine in die Blutbahn injiziert werden. Oft wird Vitamin B durch die Poren der Haut beim Schwitzen ausgeschieden, in geschlossenen Räumen kann man es sogar riechen. Selbst wenn die Vitamine in leicht absorbierbarer Form oder als Depotform verabreicht werden, würde der Organismus den Nährstoff nicht aufnehmen. Keines dieser Probleme tritt auf, wenn die Vitamine so in den Körper gelangen, wie sie in Hülsenfrüchten, Getreide und Gemüse vorkommen. Diese Nahrungsmittel enthalten teilweise große Mengen an Vitaminen der B-Gruppe, dennoch treten nach ihrem Verzehr die typische Farbe und der Geruch in den Ausscheidungen nicht auf.

Was die Wirksamkeit zusätzlicher Vitamingaben betrifft, sind noch viele Fragen offen. Manche Experten schwören auf die vorbeugende Wirkung von Vitamin C gegen Krebs, Erkältungen und andere Krankheiten, andere wiederum behaupten das Gegenteil. Eine Heilwirkung von Vitamin C bei Krebs konnte auch in neueren Studien, die an den Universitäten von Stanford und Harvard durchgeführt wurden, nicht belegt werden. Unsachgemäße Anwendung von Vitamin C kann übrigens zu Übersäuerung des Magens führen, Magengeschwüre verschlimmern (wegen der Säure!) oder eine Bildung von Nierensteinen bewirken. Fast täglich werden neue Behauptungen über heilende Eigenschaften von Vitaminen aufgestellt und durch Gegenbeweise zu widerlegen versucht.

Fazit ist, daß dieses Wissensgebiet immer noch zu jung ist, um sich auf gesicherte Erkenntnisse berufen zu können. Das wird auch in naher Zukunft noch so bleiben. Also verläßt man sich besser auf eine Lehre, die sich fünftausend Jahre hindurch immer wieder bewährt hat. Schließlich kann ein schlauer zwanzigjähriger Jüngling nicht schlauer sein als ein fünftausend Jahre alter Weiser. Das soll nicht heißen, daß die Wissenschaft nie in der Lage sein wird, vollständig zu klären, was eine »Nährstoffbalance« wirklich ist – vielleicht nach einigen hundert oder tausend Jahren. Das sollte Sie aber nicht abschrecken. Denn wenn Sie die fünftausend Jahre alten Prinzipien des vorliegenden Buches befolgen, ernähren Sie sich vollwertig und gesund – und brauchen keine Extragaben von Vitaminen, Proteinen oder Mineralstoffen. Dann begreifen Sie auch, daß die bekannte Redensart nicht heißt: »Iß täglich A-Vitamine und Vitamin C, Fruktose, Pektine und Amygdalin, dann brauchst du keinen Arzt«, sondern: »Iß täglich einen Apfel, und du bleibst gesund.« Und dann verzehren Sie einfach den ganzen Apfel oder ein anderes unverfälschtes Nahrungsmittel. Und das Wissen wird Sie beruhigen, daß jede Komponente dieses Nahrungsmittels – ob man sie »Vitamin«, »Protein«, »Mineralstoff« oder wie auch immer nennt – in genau der richtigen Menge und Mengenrelation und ausgewogen in bezug auf die anderen Bestandteile des Nahrungsmittels vorhanden ist. Es ist ein Naturgesetz, daß ein Nahrungsmittel kein solches wäre, wenn sich die einzelnen Komponenten nicht im Gleichgewicht befänden, denn das ist eine Grundbedingung für den Bestand der Natur.

VIERTER TEIL

5. Die Praxis der taoistischen Ernährungslehre

Dieses Buch will Sie bei der Gewichtsabnahme begleiten, aber es ist anders als die üblichen Diätbücher, behandelt es doch eine umfassende Ernährungstheorie, deren Prinzipien sich in mehr als fünftausend Jahren bewährt haben. Außerdem bietet es einfache Verfahren und Übungen, die im Laufe von Jahrhunderten aus dieser Theorie heraus entwickelt, verfeinert und vervollkommnet wurden. Die traditionelle Einstellung taoistischer Lehrer und Gelehrter war und ist stets sehr pragmatisch: Ein Verfahren, das nicht funktionierte, wurde verworfen. Falls ein anderes, besser funktionierendes entwickelt wurde, trat es an die Stelle des vorherigen. Eines der Ergebnisse ist das in diesem Buch zusammengetragene Wissen: solide, praktische Hinweise, die Ihnen helfen werden, Ihr Gewicht zu regulieren, Ihren Gesundheitszustand zu verbessern, Krankheiten und anderen physiologischen Störungen vorzubeugen. Natürlich müssen Sie die Verantwortung für Ihre Gesundheit letztlich selbst tragen. Und dazu will dieses Buch Ihnen das Rüstzeug und das Wissen vermitteln, auf möglichst einfache und erfreuliche Art. Das Resultat wird Sie in Erstaunen versetzen.

1. Lesen Sie dieses Buch durch – langsam. Wahrscheinlich haben Sie den »Diätrummel« schon jahrelang mitgemacht, es besteht daher kein Grund zur Eile. Doch Sie haben jetzt endlich etwas gefunden, das gelingen wird. Und dieses Buch gibt Ihnen die allgemeine Übersicht, die Sie brauchen, um zu begreifen, wieso der Erfolg Ihnen sicher ist.

2. Lesen Sie jeden Abschnitt, der Sie interessiert, noch einmal. Manche Abschnitte werden einem bei der ersten Durchsicht noch nicht völlig klar.

3. Überfliegen Sie noch einmal die acht Ursachen von Gewichtsproblemen im zweiten Kapitel. Ihr Hauptanliegen ist wohl, Ihr Übergewicht loszuwerden. Nach Lektüre dieses Abschnittes werden Sie erst einmal verstehen, wie Sie zu Ihrem Übergewicht gekommen sind. Und dabei erfahren Sie dann, welche Veränderungen Ihrer Lebensgewohnheiten Ihnen beim Abnehmen helfen können.

4. Beraten Sie sich mit Ihrem Arzt, wenn Sie irgendwelche Fragen haben, wie Sie Ihre Ernährung und Ihre körperlichen Aktivitäten umstellen könnten.

5. Gewöhnen Sie sich an, tagsüber nicht unmäßig viel Flüssigkeit zu trinken. Dies gilt vor allem, wenn Sie zum Beispiel infolge eines Herz- oder Bronchialleidens zu Flüssigkeitseinlagerung im Gewebe neigen. »Flüssigkeit« meint auch süße und vor allem alkoholische Getränke. Allein durch Maßhalten beim Trinken läßt sich bereits innerhalb von ein paar Wochen eine Gewichtsreduktion erreichen.

6. Praktizieren Sie so oft wie möglich die Massage-Übung für den Bauch. Die Übung ist so einfach, aber beachtlich wirksam. Dasselbe gilt für die anderen Übungen zur Gewichtsreduktion (vor allem für die spezielle Übung zur Gewichtsreduktion, Seite 79).

7. Lesen Sie das vierte und sechste Kapitel erneut. Das frischt Ihr Wissen über die theoretische Basis und die Regeln für eine gesunde Ernährung auf.

8. Fangen Sie an, nach dem Rezeptteil dieses Buches zu kochen.

Beginnen Sie zunächst mit einer Mahlzeit (am besten, aber nicht zwingend, mit dem Frühstück), und essen Sie zu den anderen beiden Mahlzeiten, was Sie bisher gewohnt waren.

9. Stellen Sie sich allmählich ganz auf die taoistische Ernährungsweise um.

10. Wenn Sie damit anfangen, nährstoffreiche köstliche Mahlzeiten wie die im Rezeptteil beschriebenen zuzubereiten und zu genießen, sollten Sie auch die *inneren Übungen* in Ihren Tagesablauf aufnehmen. Beginnen Sie mit der Hirsch-Übung. Sobald Sie völlig damit vertraut sind, schließen Sie die Kranich-Übung an, die Sie noch durch die Schildkröten-Übung ergänzen.

11. Wenn Sie Ihre tägliche Flüssigkeitszufuhr eine Zeitlang korrigiert haben, verschaffen Sie sich nun jeden Tag zehn Minuten lang schweißtreibende Bewegung. Dadurch vermeiden Sie, daß sich Flüssigkeit im Gewebe staut, und unterstützen die Ausscheidung von Giften. Zu den schweißtreibenden zehn Minuten gehört eine sehr gründliche Massage aller Körperstellen, an denen eine Zellulitis erkennbar ist. Diese Kombination von Massage und Schwitzen ist nach meiner Erfahrung die einzige Möglichkeit, die unerwünschte Zellulitis gründlich zu beseitigen.

12. Freuen Sie sich über Ihren straffen, gesunden Körper! Er ist ein Geschenk Gottes – das Sie sich verdient haben!

Vor einigen Jahren hielt ich vor einer Gruppe übergewichtiger Arztfrauen einen Vortrag. Anschließend sprach mich eine junge Frau an: »Herr Doktor, ich glaube, meine Ehe geht in die Brüche. Ich liebe meinen Mann und er mich, aber ich biete ja keinen erfreulichen Anblick. Was soll ich bloß tun?« Die Frau war ungefähr 1,75 Meter groß und wog über zwei Zentner (sie trug also fünfzig Prozent Übergewicht mit sich herum). Mir fiel auf, daß sie das meiste Fett um die Körpermitte, an Bauch und Hüften, angesetzt hatte. Ich empfahl ihr die Massage-Übung für den Bauch. Mehrere Wochen später rief die junge Frau mich an, um mir zu berichten, daß sich ihre Figur »gestreckt« habe. Erst kürzlich traf ich das Paar wieder. Die Frau ist nun wohlproportioniert. Ihr Ehemann benahm sich ihr gegenüber jetzt sehr aufmerksam (wie übrigens alle anwesenden Männer), und beide schienen glücklich.

Obwohl ich niemandem empfehlen würde, weiterhin zuviel zu essen und zu trinken, möchte ich Ihnen das Beispiel eines Mannes erzählen, der so handelte und trotzdem abnahm. Paul C. ist ein Bekannter von mir. Er besuchte einen meiner Vorträge in Phoenix, Arizona. Nun, dieser Mann war reichlich übergewichtig und nahm immer mehr zu. Er gestand mir, das Essen sei sein größtes Vergnügen und er glaube nicht, daß er sich jemals kasteien könne. »Und Sie meinen, es sei möglich, diesen Fettwanst doch loszuwerden?« erkundigte er sich und zeigte dabei auf seinen gewaltigen Leib. Obwohl Herr C. ein schwieriger Fall war, empfahl ich ihm, die Massage-Übung für den Bauch durchzuführen. Einen Monat danach rief er an und erzählte begeistert, daß er seinen Gürtel schon drei Löcher enger schnallen könne! Er nahm weiter ab, bis er etwa Normalgewicht hatte, aber noch immer zeigt er seinen Freunden den alten Gürtel.

Frau Martha M. hatte starke Schmerzen, die nach ärztlicher Diagnose teils durch eine Arthritis bedingt, teils unklarer Herkunft waren. Die Schmerzen quälten die arme Frau so sehr, daß sie nicht ohne fremde Hilfe aufstehen oder sich setzen konnte. Fünfundzwanzig Ärzte an einer Universitätsklinik hatten sie gründlichst untersucht und acht Monate lang erfolglos behandelt. Schließlich wurde sie von zwei Helfern zu mir in die Praxis gebracht. Als ich ihre Krankengeschichte kannte, verordnete ich ihr das in diesem Buch beschriebene Ernährungsprogramm und bestimmte Übungen. Nach vier Wochen konnte sie allein zu mir in die Sprechstunde kommen. Sie mußte sich bloß noch auf einen Stock stützen. Nach weiteren vier Wochen Diät- und Übungsprogramm suchte sie mich erneut auf, diesmal ohne Stock.

Abschließend sei noch ein Auszug aus einem Schreiben des Patienten Kirk D. wiedergegeben: »Ich bin 63 Jahre alt. Zwei Jahre meines Lebens quälten mich mörderische Schmerzen nach einem Schlaganfall, der meine gesamte linke Körperhälfte gelähmt hatte. Nachdem ich zwei Wochen lang die therapeutischen Anweisungen von Herrn Dr. Chang befolgt hatte, konnte ich mir zum erstenmal wieder selbst das Hemd zuknöpfen! Nach sechs Wochen war ich in der Lage, allein zu einem Fußballspiel zu gehen.«

6. Ernährungsgebote und -verbote

Hinsichtlich der Ernährung besteht eine Reihe von Geboten und Verboten, die befolgt werden müssen, wollen wir das Gleichgewicht unserer Körperfunktionen aufrechterhalten.

Signale des Körpers

Hören Sie auf Ihren Körper, und achten Sie auf seine Signale. Jeder Mensch hat einen individuellen Stoffwechsel und reagiert anders auf die einzelnen Nahrungsmittel. Wenn Sie nach dem Verzehr bestimmter Nahrungsmittel Bildung von Schleim, Hautausschlag, Durchfall oder Verstopfung bei sich beobachten, ist das ein Hinweis, daß Ihr Organismus dieses Nahrungsmittel nicht richtig verwerten kann und es auf irgendeine Weise Ihren Organismus reizt oder vergiftet. Diese Reaktion bezeichnet man im allgemeinen als Nahrungsmittelallergie. Wenn Ihnen ein Nahrungsmittel nicht bekommt, sollten Sie es meiden.

Cholesterin

Neue wissenschaftliche Untersuchungen ergaben, daß Cholesterin sowohl nützlich als auch schädlich für den Körper ist. Einerseits brauchen wir es für die körpereigene Synthese von Vitamin D, Hormonen und anderen Substanzen. Andererseits kann es zu Herz- und Gefäßkrankheiten führen. Deswegen ist es nicht die sicherste und gesündeste Lösung, wenn Sie sich vorsorglich cholesterinarm oder cholesterinfrei ernähren. Nach taoistischer Erkenntnis kann zum Beispiel eine streng vegetarische Ernährungsweise wegen der unvermeidlich damit verbundenen Mängel Mißbildungen verursachen. Das eigentliche Problem ist die Verbindung von Cholesterin und gesättigten Fettsäuren. Treffen diese beiden Substanzen zusammen, steigern sie ihre schädlichen Wirkungen gegenseitig und werden zu den schlimmsten Feinden des Herz-Kreislauf-Systems. Eine lebensgefährliche Kombination dieser Art können beispielsweise Krabben mit Butter sein.

Chrysanthemum-Blüten

Bereiten Sie einen Tee aus *Chrysanthemum*-Blüten, oder trinken Sie Teemischungen, die *Chrysanthemum*-Blüten enthalten.

Eine neue tierexperimentelle Studie zeigte, daß *Chrysanthemum*-Blüten (nicht die des giftigen Rainfarns, *Chrysanthemum vulgare*) deutlich cholesterinsenkend wirken. Die Studie wurde mit zwei Gruppen von Mäusen durchgeführt. Gruppe I wurde in die Untergruppen A und B, Gruppe II in die Untergruppen C und D unterteilt. Gruppe A erhielt eine fett- und cholesterinreiche Diät. Gruppe B erhielt zusätzlich zur Diät der Gruppe A noch *Chrysanthemum*-Blüten. Die Mäuse der Gruppe C wurden fett- und cholesterinarm ernährt, ebenso die der Gruppe D, deren Futter aber zusätzlich mit *Chrysanthemum*-Blüten angereichert wurde. Ansonsten erhielten die Tiere aller vier Untergruppen gleiches Futter und gleiche Futtermengen. Am Ende der Studie stellte sich heraus, daß die Cholesterinwerte im Blut bei Gruppe B niedriger waren als bei den Gruppen A und C. Und zwar waren die Werte bei Gruppe B fast so niedrig wie bei Gruppe D. Erwartungsgemäß lagen die Cholesterinwerte bei Gruppe A mit Abstand am höchsten. Die *Chrysanthemum*-Blüten vermochten sogar bei fett- und cholesterinreich ernährten Mäusen einen hohen Cholesterinspiegel zu verhindern.

Beim Menschen wurde diese Eigenschaft der *Chrysanthemum*-Blüten bereits seit einigen tausend Jahren praktisch genutzt, aber erst neuerdings exakt nachgewiesen. Ebenfalls längst bekannt, jedoch nicht im einzelnen geklärt sind folgende Effekte: Reinigung der Gehirnzellen, Hormonregulierung, Förderung der Verdauung und Absorption. Die Inhaltsstoffe der *Chrysanthemum*-Blüten wirken außerdem hautreinigend und hautstraffend.

Heißhunger

Heißhunger weist auf ein Ungleichgewicht im Organismus hin, das zur Nahrungsmittelallergie führen kann. Wenn Sie eine Gier nach einem bestimmten Nahrungsmittel verspüren, bedeutet dies, daß Ihr Körper schon zuviel davon erhielt. Versuchen Sie, es damit bewenden zu lassen – Ihr Körper braucht nicht noch mehr von dem, wonach es ihn gelüstet. Geben Sie Ihrem Heißhunger nach, bekommen Sie auf lange Sicht nur gesundheitliche Probleme.

Merken Sie sich also bitte, daß Sie bestimmte Symptome, zum Beispiel Blähungen und Verdauungsschwäche, nicht ignorieren sollen, wohl aber Heißhunger jeder Art, sei es auf Zucker, Wasser, Fleisch oder was auch immer.

Abwechslungsreiche Kost

Essen Sie abwechslungsreich. Dadurch besänftigen Sie Ihren Appetit, wie es bei einseitigen Ernährungsgewohnheiten unmöglich wäre. Ihr Appetit wird sich dann ebenso normalisieren wie die Lust, zu üppig zu essen. Außerdem erhält Ihr Körper, wenn Sie sich sehr abwechslungsreich ernähren – also Nahrungsmittel aller fünf Geschmacksqualitäten einbeziehen –, die ausgewogene Nährstoff- und Energiezufuhr, die er benötigt, um ordentlich zu funktionieren. Wenn Sie ein bestimmtes Nahrungsmittel meiden, wird Ihr Organismus nämlich früher oder später unter entsprechenden Mangelerscheinungen leiden. Auf die Dauer wird er dann dieses Nahrungsmittel, falls er es doch irgendwann bekommt, nicht vertragen, weil er nicht daran gewöhnt ist oder weil er die chemischen Bausteine in dem Nahrungsmittel nicht kennt. Dies kann dazu führen, daß manche Organe atrophieren (schrumpfen) und damit zahlreiche weitere Probleme auftreten.

Essenszeiten und Eßverhalten

Halten Sie feste Essenszeiten ein. Und versetzen Sie sich zum Essen in eine friedliche, freundliche Stimmung. Wenn Sie verstimmt sind und dann essen, kann sich das nachteilig auf Ihr Befinden auswirken – denn wenn Sie wütend sind, schüttet die Leber Gift aus.

Essen Sie nicht, wenn Sie sehr müde sind. Sie haben dann zu wenig Energie, um das Essen zu verdauen, so daß unverdaute Nahrung im Verdauungstrakt liegenbleibt, die sich dann zersetzt und Giftstoffe bildet. Deswegen sollten Sie nicht unmittelbar nach dem Geschlechtsverkehr essen und aus demselben Grund auch nicht unmittelbar davor. Da wir gerade beim Sex sind: Falls Sie oralen Verkehr (Fellatio) praktizieren, sollten Sie den Samen nicht schlucken, wenn Sie abnehmen wollen. Die Samenmenge ist zwar gering, aber diese außerordentlich energiereichen Keimzellen könnten Ihre Bemühungen um eine Gewichtsabnahme vereiteln.

Fasten

Fasten Sie nicht, denn Fasten kann den ganzen Körper schwächen. Es sind viele Fälle bekannt, in denen Menschen nach langen Fastenperioden keine Nahrung mehr verdauen konnten. Das Ende ist dann der vorzeitige Tod.

Das Universum ist der Makrokosmos, der Mensch ein Mikrokosmos. Mit anderen Worten: Der menschliche Körper enthält alle Elemente des Universums. Deswegen sollen wir uns auch von allen Substanzen des Universums ernähren. Gott hat es so gewollt. Er schuf die verschiedenen Geschmacksqualitäten der Nahrungsmittel zu unserem seelischen und geistigen Vergnügen und für unser körperliches Wohl. Alle drei Aspekte unseres Wesens – der seelische, der geistige und der körperliche – brauchen Nahrung.

Fett

Die Taoisten wissen um die lebenserhaltenden und die schädlichen Eigenschaften der Nahrung. Bestimmte Nahrungsbestandteile können gesundheitliche Probleme und tödliche Krankheiten verursachen. Dies gilt besonders für Fette, über die schon der Gelbe Kaiser befand, sie seien unter den Nahrungsmitteln der schlimmste Feind des Menschen. Diese fünftausend Jahre alte Lehrmeinung gewinnt neue Aktualität durch Berichte des Staatlichen Amerikanischen Krebsforschungsinstituts. Studien über ungesättigte (gesunde) und gesättigte (ungesunde) Fettsäuren ergaben, daß das Risiko, an Krebs oder an Herz- und Gefäßleiden zu erkranken, durch Einschränkung des Verzehrs gesättigter Fettsäuren verringert wird. Eine Übersicht über das ernährungsbedingte Krebsrisiko gibt die nachstehende Tabelle.

Tabelle 11: Ernährungsbedingtes Krebsrisiko

Risiko	*Nahrungsmittel*
NIEDRIG ↑	Obst und Gemüse, speziell dunkelgrüne und intensiv gelbe Früchte und Gemüse, auch Bohnen und Erbsen, Vollgetreide und Vollkornprodukte
	mageres Fleisch, Geflügel und Fisch, fettarme Milchprodukte
	Nüsse, Samen
↓	Vollmilchprodukte, Eier, fettes Fleisch, Wurst sowie gepökelte, geräucherte oder auf Holzkohle gegrillte Fleisch- und Wurstwaren
HOCH	gesättigte Fette und Öle (vor allem tierische), üppige Desserts, Limonaden, Alkohol

Ballaststoffe

Nehmen Sie ballaststoffreiche Kost zu sich. Ballaststoffe sind notwendig, damit der Dickdarm gesund bleibt. Um richtig funktionieren zu können, muß er in regelmäßigen Abständen stramm gefüllt sein, wie eine Wurst. Der Dickdarm ist sehr weich, und wenn er nicht gefüllt und dadurch aktiviert wird, erschlafft er, die Schleimhautoberflächen reiben sich aneinander, und das kann zu Geschwürbildung im Dickdarm führen. Da sich im Kolon Ausscheidungsprodukte ansammeln, die den Zustand noch verschlimmern, kann dies im Laufe der Zeit zu Dickdarmkrebs führen. Mangel an Ballaststoffen kann auch zur Ursache sowohl chronischen Durchfalls wie auch chronischer Verstopfung werden. Dies wiederum führt unter Umständen infolge chronischer Entzündung des Dickdarms (Kolitis) zu Krebs.

Vor über tausend Jahren wußten die Chinesen bereits, wie wichtig Ballaststoffe sind, und befanden, daß alle Nahrungsmittel ihrer Normalkost zuwenig Ballaststoffe enthielten. Deswegen ergänzten sie ihre Kost durch Bambussprossen. Bis heute gelten Bambussprossen als hervorragende Ballaststofflieferanten und sind Bestandteil zahlreicher Rezepte der chinesischen Küche.

Bambussprossen wirken günstig bei chronischem Durchfall wie auch bei chronischer Verstopfung. Ich behandelte einmal eine Patientin, die zwanzig Jahre lang abwechselnd an Verstopfung und an Durchfällen litt, weil sie falsche Eßgewohnheiten hatte und Abführmittel nahm. Ich empfahl ihr, ihre Kost um Bambussprossen zu bereichern und diese möglichst oft in Suppen, Salaten und anderen Speisen zu verwenden. Das Ergebnis trat nahezu im Handumdrehen ein, und sie fühlte sich so wohl wie nie zuvor während der vergangenen zwanzig Jahre. »Was ist bloß in diesen Bambussprossen drin?« wollte sie wissen. »Nichts«, erwiderte ich. »Sie füllen nur Ihren Darm und regen dadurch die Peristaltik an.« Bambussprossen haben keinen besonderen Nährwert – sie enthalten wenig Vitamine, Mineralstoffe, Proteine oder Säuren.

Auch Karotten sind gute Ballaststofflieferanten. Da aber der Körper die Nährstoffe von rohen Karotten oder Karottensaft nicht gut absorbiert, sollten sie mit ein wenig Fett gegart werden. Diese Art der Zubereitung schließt die Nährstoffe der Karotten auf, und sie sind für den Körper verfügbar.

Auch Kleie liefert reichlich Ballaststoffe. Sie sollten allerdings, wenn Sie ein empfindliches Verdauungssystem haben, grobe Kleie nicht unbedingt roh essen, denn sie könnte die Magen- und Darmschleimhaut reizen. Durch Garen wird Kleie weich und damit auch für Empfindliche verträglich. (Bambussprossen und Karotten sind von Natur aus zarter und dehnen den Darm auf sanftere Weise.)

Die richtige Kombination von Nahrungsmitteln

Stellen Sie Ihren Speisezettel mit Vernunft zusammen, indem Sie sich an den fünf Geschmacksqualitäten (je zwanzig Prozent), an der Art der Energie (Yin oder Yang) und am Säure-Basen-Gleichgewicht der Nahrungsmittel, die Sie essen wollen, orientieren. Die Tabellen 2 bis 7 sowie 9 und 10 werden Ihnen dabei eine Hilfe sein.

Manche von Ihnen wird es überraschen, daß einige Nahrungsmittel sich als schlecht verträglich erweisen, wenn man sie in bestimmten Kombinationen verzehrt. Solche unverträglichen Kombinationen sind beispielsweise Rindfleisch und rohe Zwiebeln, Bananen mit Süßkartoffeln (verursacht Schwindel) oder Krabben mit Kakipflaumen (Bauchweh).

Obst

Essen Sie Obst roh, wenn die Früchte eine dicke Schale haben. Obst sollte immer gewaschen und geschält werden – auch Äpfel –, denn unter der Schale sitzen heute meist Schadstoffe! Außerdem ist die Schale meist schwer verdaulich.

Die Obstkerne sollten mitgegessen werden. Denn aus ihnen kann der Körper wertvolle Inhaltsstoffe beziehen, aber auch das Gehäuse der Früchte ist nützlich, das die Samen beherbergt, etwa beim Apfel. Die weichen Samen, vor allem in den Kernen von Steinobst, enthalten Amygdalin, das die Leber reinigen und den Körper entgiften soll. Da beim Abbau von Amygdalin (= Laetrile®, als Krebsmittel umstritten) im Darm die hochgiftige Blausäure frei wird, ist Vorsicht ratsam. (Die Dosis macht das Gift!)

Im alten China ließ man Menschen, die eine Rauchvergiftung hatten, Äpfel essen, um die Leber zu entgiften. (Nach taoistischer Lehre bildet die Leber den Filter für alle festen Stoffe.) In unserer Zeit können Äpfel genauso eingesetzt werden, wenn ein Mensch starker Umweltverschmutzung ausgesetzt ist oder passiv Rauch inhaliert.

Jede Art von Rauch, auch der von Tabak und von Marihuana, ist giftig für den Organismus. Tief inhalierter Rauch ist besonders giftig, so etwa beim Marihuanarauchen: Der Rauch wird tief in die Lungen gezogen und der Atem angehalten, bis die Droge vollständig in den Blutstrom aufgenommen ist. Nach fünfminütigem Marihuanarauchen ist die Leber derart mit Giftstoffen überladen, daß sie mit dem Abbauen nicht mehr nachkommt. Wenn jemand exzessiv Marihuana raucht, werden innerhalb eines Monats zehn Prozent seines Lebergewebes irreparabel geschädigt. Das Marihuanarauchen ist also keineswegs zu empfehlen.

Im Krankheitsfall

Essen Sie Nahrungsmittel, die leicht verfügbare Arten von Energie bereitstellen. Auf diese Weise wird die Energie genutzt, um Krankheitserreger damit zu bekämpfen und die Heilung herbeizuführen, statt sie auf Verdauungsprozesse zu verschwenden. Ein sehr leicht verdauliches Nahrungsmittel ist Reissuppe (siehe Rezeptteil). Sie kann mit ein wenig Fisch, mit Hühnerbrühe, zartem Gemüse oder mit allem kombiniert werden, das die Verdauungsorgane nicht belastet.

Flüssigkeitszufuhr

An dieser Stelle muß ich noch einmal darauf hinweisen, wie wichtig bei der Flüssigkeitszufuhr das richtige Maß ist. Wenn Sie ein schwaches Herz, schwache Bronchien oder schwache Nieren haben, trinken Sie nicht zuviel. Fragen Sie Ihren Arzt, wieviel Sie trinken dürfen! Gesunde Nieren können problemlos sechs Gläser Flüssigkeit pro Tag verarbeiten. Wenn mehr Flüssigkeit zugeführt wird, als der Körper ausscheiden kann, staut sich das Wasser, es kommt zur Flüssigkeitsretention. Bei chronischer Retention wird die Flüssigkeit gelartig, die Stoffwechselprodukte und Krankheitserreger sammeln sich darin an und vergiften ihrerseits die Gewebe des Körpers. Besonders die Nerven sind davon betroffen. Einerseits drückt das vom Wasser aufgequollene Unterhautgewebe auf die Nerven, andererseits greifen die in diesem »stehenden« Wasser schwimmenden Keime und Gifte die Nerven zusätzlich an. Deswegen sind Menschen, die an chronischer Wasserretention leiden, oft so nervös und unleidlich.

Margarine

Essen Sie keine Margarine. Wie ich bereits sagte, ist sie für den Organismus noch schädlicher als Butter. Durch den Herstellungsprozeß bleibt Margarine unter allen Bedingungen, was sie ist: Margarine. Besonders Standardmargarine enthält einen hohen Anteil an gehärteten Fetten. Bei Diätmargarine ist das Verhältnis der ungesättigten zu den gesättigten Fettsäuren günstiger.

Fleisch

Essen Sie Fleisch, wenn Ihr Körper die große Energie benötigt, die tierisches Eiweiß liefert.

Wegen der Psychopharmaka und Wachstumshormone, die Tierzüchter und Produzenten von Fleisch und Fleischwaren mitunter so großzügig verwenden, kann der Verzehr von tierischem Eiweiß heute allerdings problematisch sein. Außerdem können die einzelnen Tiere Krankheitsträger sein. Allgemein bekannt ist die früher durch das Rind übertragene Tuberkulose oder, heute besonders beunruhigend, die Verseuchung von Geflügel mit Salmonellen. Krankheitserreger, aber auch unnatürliche Zusatzstoffe in Fleisch und Fleischwaren können sich nachteilig auf die Gesundheit auswirken.

Deshalb muß Fleisch küchentechnisch so vorbehandelt und verarbeitet werden, daß es von schädlichen Bestandteilen gereinigt ist und praktisch nur das wertvolle tierische Eiweiß zum Verzehr gelangt. Die richtige Vorbehandlung mindert den Nährwert des Fleisches nicht. Die Fleischfaser selbst und das darin enthaltene Protein bleiben dabei unverändert, nur die schädlichen Stoffe werden daraus entfernt.

Dies ist die richtige Methode, Fleisch vorzubereiten:

1. Legen Sie das Fleisch in eine Schüssel und bedecken Sie es mit kaltem Wasser.

2. Weichen Sie das Fleisch mindestens eine halbe Stunde darin ein, erneuern Sie das Wasser zwischendurch, weil das Blut aus dem Gewebe ausgeschwemmt wird (und mit ihm viele Keime und Schadstoffe).

3. Wenn alles Blut aus dem Fleisch ausgelaugt ist (das Wasser färbt sich dann nicht mehr rötlich), spülen Sie es ab und tupfen es trocken.

4. Schneiden Sie das Fleisch in sehr dünne Scheiben.

5. Legen Sie es nun wieder in die Schüssel und marinieren Sie es. Dieses Mal wird das Fleisch mit hochprozentigem Alkohol – Whisky, Gin, Wodka oder B[illegible]dy – bedeckt. (Das Verfahren tötet etwa noch vorhande[illegible] [illegible]siten ab, auch solche, die Hitze und den [illegible] [illegible]rden.) Die alkoholische Mari[illegible] ße und durch Fünfge[illegible] schen Lebensmittelg[illegible] guter Kaufhäuser er[illegible] Behandlung erhält [illegible] schmack.

6. Marinieren Sie da[illegible]

7. Braten Sie die F[illegible] daß sie anbrenn[illegible]

Falls Sie Bede[illegible] rung ihr Leben [illegible] [illegible]s Vorwort.

Essen Sie möglichst kein tierisches [illegible] [illegible]ei-spielsweise auch die in Milchprodukten wie Butter un[illegible] [illegible]nthalten viel Cholesterin und erhöhen den Cholesterinspiegel im Blut. Das Cholesterin verstopft die wabenartige Struktur der Leberzellen und stört oder blockiert die Leberfunktion. Dies geschieht deshalb, weil das Tier sein Futter bereits in Fett umgewandelt hat und dieses Fett im menschlichen Körper nicht mehr schmilzt. Statt dessen wird es in der Leber gespeichert. Außerdem lagert es sich an den Blutgefäßwänden an, verengt die Blutgefäße und kann dadurch auf lange Sicht das Herz stark gefährden.

Rinderfett ist nach taoistischer Erkenntnis besonders ungesund. Es wird erst bei zirka 50 Grad Celsius flüssig, also weit oberhalb der normalen Körpertemperatur, und deswegen schlechter absorbiert als Butter oder gar Pflanzenöl.

Rindfleisch muß, wie gesagt, in dünne Scheiben geschnitten und bei starker Hitze gut durchgebraten werden. Das Fett saugt man mit Küchenkrepp auf. Allgemein sollten Sie möglichst nur mageres Fleisch kaufen und vor dem Zubereiten das Fett abschneiden.

Schweinefett ist insofern besser für den Verzehr geeignet, weil es einen niedrigeren Schmelzpunkt hat und im Körper daher leichter absorbiert wird. Leider ist Schweinefleisch aber nicht sehr gesund, da Schweine nicht schwitzen und die Haut als Entgiftungsorgan bei ihnen ausfällt. Es können sich also mancherlei Stoffe im Schwein ansammeln, die für den menschlichen Körper Gift sind.

Damit wir gesund bleiben, muß unsere Ernährung aber einen gewissen Anteil an Fett enthalten. Die taoistische Ernährungslehre besagt, daß Fett notwendig sei, um die Leber, die Nieren und die Lunge – die drei Filter des Organismus – zu reinigen und geschmeidig zu erhalten. Freilich darf das Fett, wie bereits erwähnt, die Organe nicht verstopfen. Die besten Fette sind solche, die einen hohen Anteil an mehrfach ungesättigten Fettsäuren aufweisen – also hochwertige Pflanzenöle, besonders das kaltgepreßte Sesamöl. Es ist geschmacksneutral, außerordentlich leichtflüssig und wird sehr gut absorbiert. Der intensive Geschmack oder Geruch einiger pflanzlicher Öle, den manche nicht mögen, läßt sich mildern, indem man vor der Verwendung ein paar Scheibchen frischen Ingwer darin bräunt. Der Ingwer bindet Geruchsstoffe des Öls.

Natürliche Nahrungsmittel

Essen Sie möglichst naturbelassene Nahrungsmittel. Industriell aufbereitete Nahrungsmittel verarbeitet der Organismus weniger gut, sie können zu einer (vermeidbaren) Schadstoffbelastung führen. Am leichtesten verwertet der Körper vollwertige, natürliche Nahrungsmittel. Chemische Zusätze und Konservierungsmittel sind nicht von Gott geschaffen, sondern vom Menschen erfunden. Meiden Sie Glutamat (das Mononatriumsalz der Glutaminsäure), Raffinadezucker (ersetzen Sie ihn durch Dicksaft) und koffeinfreien Kaffee (durch die zur Entkoffeinierung nötigen Chemikalien ist der Kaffee noch ungesünder).

Schalentiere

Essen Sie bei warmer Witterung keine Schalentiere. So, wie manche Nahrungsmittel nicht vertragen werden, wenn man sie allein ißt, können Schalentiere während der warmen Jahreszeit hochgiftig sein. (Für manche Menschen sind bestimmte Schalentiere zu jeder Jahreszeit unverträglich.) Dies rührt daher, daß Schalentiere, wie Muscheln oder Austern, in kaltem Wasser am besten gedeihen. Erwärmt das Wasser sich sehr, werden diese Tiere krank, und giftige Stoffwechselprodukte sammeln sich in ihnen an. Um zu überleben, wehren sich diese Lebewesen, indem sie ein Hormon bilden, mit dessen Hilfe sie die Folgen der Hitze besser überstehen.

Für die Schalentiere ist dieses Hormon zwar nützlich, für den menschlichen Organismus hingegen sehr schädlich. Es verschlimmert latente Schwächen in unserem Körper, beispielsweise Akne, Nervenentzündungen oder Infektionen. Deswegen sollten Sie diese Nahrungsmittel im Sommer (beziehungsweise während der Monate ohne »r«) und wenn Sie krank sind oder sich unpäßlich fühlen, meiden.

Wolkenohren

Eine weitere Zutat, die in der chinesischen Küche verwendet wird, sei besonders erwähnt. Es handelt sich um einen Pilz, der auf Nadelbäumen wächst. Die Chinesen nennen ihn »Mu-err« oder »Wolkenohren« (wegen seiner Form). Nach der Lehre von den fünf Elementen gehört er zu den bitteren Nahrungsmitteln, deshalb fördern seine Nährstoffe die Herzfunktion. Außerdem beseitigen sie Ablagerungen und Cholesterin aus der Blutbahn. Als täglicher Bestandteil der Ernährung, wie in China, trägt der Pilz dazu bei, Herzleiden vorzubeugen. Tatsächlich sind Erkrankungen des Herzens in China äußerst selten.

Eine ebenso große Bedeutung haben Wolkenohrpilze bei der Reinigung des Dünndarms. In dessen Wand befinden sich winzige Poren, durch die die Nährstoffe absorbiert werden. Im Laufe der Zeit können diese Poren oder winzigen Löcher verstopft werden, etwa durch winzige Flaumfederchen von Geflügel. (Haare und Federn sind unverdaulich. Wenn Sie Geflügel auf den Tisch bringen wollen, waschen Sie es gründlich und suchen Sie es nach Restfedern ab. Diese lassen sich gut mit einer Pinzette auszupfen.) Bei der Verdauung werden manche Bestandteile der Wolkenohren absorbiert (um die Blutbahn zu reinigen, wie bereits erwähnt), und was übrigbleibt, wird in gequollenem, gelatineartigem Zustand durch den Dünndarm geschleust. Dieser unverdauliche Rest schmiegt sich bei der Passage durch den Dünndarm an dessen Schleimhautfalten und Biegungen an, nimmt dabei wie eine weiche Knetmasse kleine Härchen und Keime auf und transportiert sie mit dem Stuhlgang ab; dadurch werden die Poren wieder frei. Wegen dieser Eigenschaft sind Wolkenohren ein unentbehrlicher Bestandteil einer taoistisch ausgerichteten Ernährung.

Tofu

Lassen Sie Tofu (Sojakäse, Bohnenquark) zum festen Bestandteil Ihrer Ernährung werden. Tofu ist ein guter Lezithinlieferant, enthält kein Cholesterin und hat die Eigenschaft, den Abbau von Cholesterin in den Blutgefäßen zu fördern. Außerdem ist er eine ausgezeichnete Protein- und Ballaststoffquelle. Tofu wird üblicherweise in Wasser im Kühlschrank aufbewahrt. Auch wenn das Wasser täglich erneuert wird, sind Keime darin enthalten. Deshalb sollte Tofu nicht roh verzehrt, sondern zuvor gekocht werden. Wenn Tofu sauer schmeckt, ist er verdorben. Sie dürfen ihn dann nicht essen. Tofu sieht ähnlich aus wie Schafkäse, ist aber geschmacksneutral und kann zu vielen verschiedenen Gerichten verarbeitet werden.

Belastete Nahrungsmittel

Über dieses Thema wurde schon viel debattiert. Es vergeht kein Tag, an dem die Medien nicht über die Vergiftung der kostbaren Lebensgrundlagen durch den Menschen berichten. In den Meeren, in Flüssen, im Trinkwasser und im Boden und folglich auch in Pflanzen und Tieren und den daraus hergestellten Nahrungsmitteln – überall findet man Schadstoffe, wie polychlorierte Biphenyle (öl- bis wachsartige Substanzen mit hohem Chlorgehalt), Quecksilber, Aluminium, Blei, Kupfer, Pestizide, radioaktive Strahlenbelastung. Unaufhaltsam scheint die Anzahl der »sicheren« Lebensmittel zu schrumpfen, und offenbar erkranken immer mehr Menschen an Allergien gegen schädliche Stoffe in der Nahrung. Als würde Öl ins Feuer gegossen, gestaltet sich die Lage täglich besorgniserregender. Auf den ersten Blick mag dies alles zutreffend erscheinen, und gewiß ist der Mensch für viele Übel verantwortlich, aber wenn man tiefer in das Walten der Natur eindringt, zeigt sich, daß Gifte ganz natürlich vorkommen. Die Erde besteht aus 93 natürlich vorkommenden, isoliert zumeist giftigen Elementen. Fast jedes Lebewesen auf der Erde – alle bestehen aus diesen Elementen – kann diese Elemente zu Verbindungen zusammenfügen, die für andere Lebewesen giftig sind. Beispielsweise können manche *Chrysanthemum*-Arten pestizid wirkende Substanzen synthetisieren, manche Schlangen können aus Giftzähnen ein Gift freisetzen. Schlangenbisse können für den Menschen Gift sein, Menschenbisse aber auch für Schlangen. Im Universum greifen alle Dinge ineinander, zum Nutzen derer, die diese Zusammenhänge durchschauen. Es ist Gottes

Wille. Und wenn die menschliche Gattung sich so lange Giften anzupassen und sie zu tolerieren vermochte, wird sie auch weiterhin Gifte verkraften können.

An der Universität von Oregon, Eugene, fand vor einigen Jahren ein Vortragsabend zum Thema »Überleben« statt, zu dem drei Ärzte, die drei verschiedene Richtungen der Medizin vertraten (Schulmedizin, Ganzheitsmedizin, taoistische Medizin), als Redner eingeladen waren. Der erste Redner leitete den Fachbereich Gesundheitswissenschaften, und die Kernaussage seines Vortrags war, daß der menschliche Organismus natürliche Nahrungs- und Arzneimittel nicht von synthetischen unterscheiden könne (der Organismus nehme beide Arten an) und der Mensch ein »Allesfresser« sei. Als Beispiele führte er viele Neunzigjährige an, die sich nahezu nur von Fertiggerichten ernährten. Der zweite Redner, ein angesehener Kollege, sprach aus ganzheitlicher Sicht und behauptete, wir befänden uns mitten in einer Krise der Fehlernährung, da die Menschen an ernährungsbedingten Krankheiten stürben. Als Beleg für die Gefährlichkeit der Situation gab er folgendes Beispiel: Seine Frau sei vollbepackt mit Lebensmitteln aus dem Supermarkt nach Hause gekommen, er habe alles geprüft und alles in den Müll geworfen, weil nichts davon für gesunde Ernährung geeignet gewesen sei. Beide Mediziner vertraten völlig entgegengesetzte Auffassungen, und beide konnten wissenschaftliche Beweise für ihre Auffassungen anführen.

Ich war der dritte Redner. Nachdem ich beiden Kollegen recht gegeben hatte, sagte ich, daß wir, wenn wir schon in einer giftigen Umwelt ohne Aussicht auf eine sofortige Besserung lebten, lernen müßten, uns dieser Umwelt anzupassen. Der Schlüssel zu dieser Anpassung sei die menschliche Leber. Wenn sie gestärkt werde, könne sie dazu beitragen, daß wir sogar große Mengen giftiger Stoffe verkraften.

Wir können Giftstoffe nicht unser Leben lang meiden. Darum müssen wir Gott für unsere Leber danken, denn die Leber ist ein Giftfilter und eine Entgiftungsmaschine, ohne die wir nicht lebensfähig wären. Wenn die Leber stark und funktionstüchtig ist, können wir nahezu alles verkraften. Andernfalls aber werden wir krank und müssen vorzeitig sterben.

Für die derzeitigen Probleme mit Umweltgiften gibt es eine doppelte Lösung:
❍ Die Ernährung muß ausgewogen, und
❍ die Leber muß stark sein.

Bei einer ausgewogenen Ernährung müssen die mit den verschiedenen Nahrungsmitteln zugeführten Gifte sich gegenseitig ausgleichen. Dann wird die Giftwirkung der gesamten Mahlzeit auf ein Mindestmaß herabgesetzt, und wir haben einen weiteren Grund zu lernen, wie Nahrungsmittel vernünftig und richtig kombiniert werden.

Ich vertrete die umstrittene Auffassung, daß man, um die Leber zu kräftigen, ihre Funktion stimulieren sollte, indem man ab und zu wertlose Schnellgerichte ißt. Denn die Fähigkeit der Leber, Gifte zu verkraften, kann dermaßen geschwächt werden, wenn man sie durch reine Nahrungsmittel in reiner Umgebung ständig schont, daß eine einmalige Überschwemmung mit Giften tödlich ausgehen kann. Um eine maximale Toleranzbreite der Leber zu erreichen, muß das Organ gefordert oder trainiert werden, indem man ihm Gelegenheit gibt, Gifte zu eliminieren, oder indem man es hin und wieder durch ungesundes Essen belastet. In der taoistischen Gesundheitslehre spielen Kombinationen von Heilpflanzen, welche die Leber stärken und Gifte sowie Strahlen neutralisieren, natürlich eine bedeutende Rolle. Zum Schluß möchte ich Ihnen noch einmal dringend raten, Fette und Öle mit einem hohen Anteil an gesättigten Fettsäuren zu meiden, da sie die Leber verstopfen können. Ich hoffe, daß diese Methoden, mit Giftstoffen fertig zu werden, meine Leserinnen und Leser beruhigen. Es besteht kein Anlaß, in Panik zu geraten oder eine vielseitige Ernährung einzuschränken und so schwach zu werden, daß man lästern könnte, die Kunden vor den Würstchenbuden sähen gesünder aus als die in Naturkostläden und in vegetarischen Restaurants.

Gemüse

Essen Sie Gemüse nicht roh, sondern wenigstens kurz blanchiert. Für viele Menschen sind gegarte Speisen leichter verdaulich und verwertbar, weil die Strukturveränderung durch das Kochen den Organismus beim Verdauungsprozeß unterstützt. Rohe Nahrungsmittel können den Dünndarm zu stark stimulieren. Außerdem enthalten rohes Obst und rohes Gemüse oft Schadstoffe und Krankheitserreger – ähnlich wie rohes Fleisch.

Die meisten Schadstoffe und Keime werden durch sehr kurzes Blanchieren (knapp eine Minute) in kochendem Salzwasser eliminiert. Dabei werden nur wenig Nährstoffe zerstört, und die Gemüse und Früchte behalten ihre frische Farbe.

Manche kräftigen Gemüse (wie grüne Bohnen) müssen kleingeschnitten und einige Minuten in ein wenig heißem Öl unter Umrühren in der Pfanne gebraten werden. Dies entzieht dem Gemüse Wasser und tötet die im Wasser enthaltenen Keime. Im übrigen schmeckt das Gemüse so besser, als wenn man es zerkocht.

Die meisten Menschen können zarte Gemüse, etwa Kopfsalat, roh genießen. Da die Verträglichkeit der Nahrungsmittel aber von Mensch zu Mensch verschieden ist, kommt es vor, daß bestimmte Gemüse im Einzelfall nicht bekömmlich sind. Wenn Sie nach dem Verzehr von Salat Sodbrennen verspüren, kann dies ein Zeichen dafür sein, daß Sie rohe Gemüse (oder die Soße) nicht vertragen. Auch zarte Gemüse können unliebsame Mikroorganismen enthalten. Diese lassen sich entfernen, indem Sie die Gemüse unter kräftigem Wasserstrahl waschen, kurz in Essigwasser tauchen und dann kalt abspülen.

Trinken zu den Mahlzeiten

Während des Essens sollten Sie nicht trinken. Wenn Sie während der Mahlzeiten zuviel trinken, wird das Essen nicht ordentlich verdaut. Die Flüssigkeit verhindert, daß die Bissen gründlich gekaut und eingespeichelt werden. Durch den Speichel wird das gekaute Essen vorverdaut und die Magensäure auf natürliche Weise reguliert. Spült man jeden Bissen mit einem Getränk hinunter, wird die Magensäure zu stark verdünnt (der pH-Wert wird basischer) und die Nahrung folglich ungenügend verdaut. Muß man während des Essens oder danach aufstoßen oder rülpsen, liegt das oft daran, daß beim Essen zuviel getrunken und der Magensaft an seiner Arbeit gehindert wurde.

Wenn Sie mögen, dürfen Sie ein kleines Glas Wein zum Essen trinken, denn das fördert die Verdauung.

Weißer und brauner Reis

Essen Sie weißen Reis und allgemein Getreide, das geschält wurde. Naturreis wird langsamer gar, ist mühsamer zu kauen und schwerer zu verdauen. Zwar ist Naturreis ein guter Nährstofflieferant, aber Sie riskieren keinen Nährstoffmangel, wenn Sie zu Ihren Mahlzeiten, die entsprechend den bereits erläuterten fünf Geschmacksqualitäten ausgewogen sind, weißen Reis essen. Sie werden feststellen, daß polierter Reis Ihre Mahlzeiten besser abrundet, denn er ist eine neutralisierende Beilage. Reis wirkt ausgleichend, er ergänzt und neutralisiert jedes Gericht, so daß Magendrücken, Sodbrennen und Magengeschwüren vorgebeugt wird. Besonders günstig wirkt Reis bei Menschen, die zuviel Magensäure produzieren. Somit wird jede Mahlzeit durch Reis bekömmlich. Dagegen regt Brot den Magen zur Säureproduktion an. Und Brot aus gebleichtem Mehl kann sehr ungesund sein.

Unverfälschte Nahrung

Essen Sie vollwertige Nahrungsmittel. Folgen Sie der Weisheit Gottes und essen Sie *natürliche, unverfälschte* Nahrungsmittel. Es ist ein Irrtum zu glauben, daß Vitamintabletten die fehlenden Vitalstoffe bei einer Reduktionsdiät ersetzen könnten. Unser Körper weiß instinktiv, wie er Nahrung in ihrer natürlichen Form verwerten muß. Hochdosierte Vitaminpillen sind im Grunde Fremdkörper in unserem Organismus. Wie schon erwähnt, passieren sie ihn und werden weitgehend ungenutzt mit dem Urin wieder ausgeschieden.

FÜNFTER TEIL

7. Rezepte für die Gewichtskontrolle und eine gesunde Ernährung nach den Regeln des Taoismus

Sämtliche Rezepte dieses Kapitels entsprechen den taoistischen Prinzipien und Theorien über eine ausgewogene und nährstoffreiche Kost. Die fünf Elemente und fünf Geschmacksqualitäten, das Energiegleichgewicht (heiß/kalt), das Säure-Basen-Gleichgewicht sowie die richtige Zubereitung und Kombination von Nahrungsmitteln sind dabei berücksichtigt. Wenn Sie nach diesen Rezepten kochen und die Speisen genießen, werden Sie es in dem sicheren und zufriedenen Gefühl tun, das zu essen, was Ihnen abzunehmen hilft und Sie mit allen benötigten Nährstoffen in der richtigen Relation versorgt. Sie essen sich gesund, gewinnen frische Energie und Lebensfreude. Wohl bekomm's!

Die vier Grundregeln einer gesunden Mahlzeit

Die Rezepte sind nach vier Grundregeln zusammengestellt:
1. Wohlgeschmack,
2. Wohlgeruch,
3. appetitliches Aussehen,
4. hoher Nährstoffgehalt.

Jedes Gericht muß diesen vier Prinzipien entsprechen. Wenn ein Rezept auch nur eine dieser Regeln nicht erfüllt, taugt es nicht.

Es gibt eine Universalregel für das Essen. Wir entnehmen sie der Schöpfungsgeschichte – nach der Erschaffung des Menschen. Eine der ersten Weisungen des Schöpfers an den Menschen lautete: »Du darfst essen von allen Bäumen im Garten« (Eden). Doch von einem Baum, dem »Baum der Erkenntnis des Guten und Bösen«, sprach Gott, »sollst du nicht essen denn an dem Tage, da du von ihm issest, mußt du des Todes sterben« (1. Mose 2, 17).

Gottes Weisung läßt sich so deuten, daß man nicht bloß von einem einzigen Baum, sondern von allen Bäumen essen soll. Wenn ein Mensch sich einseitig ernährt, stirbt er, denn er benötigt alles, um seinen Körper zu erhalten, und nur ein einziges Nahrungsmittel kann die verschiedenen Bedürfnisse des menschlichen Körpers nicht befriedigen. Der menschliche Körper ist der Mikrokosmos, das Universum der Makrokosmos. Natürlich hat Gott die Speisekarte des Menschen nach der Sintflut um die Tiere erweitert.

Eva entschloß sich, ihre eigene Auffassung von der Universalregel anzuwenden, doch diese richtete sich gegen das wahre Prinzip. Als sie sah, daß der Baum der Erkenntnis eßbare Früchte trug und »daß er eine Lust für die Augen wäre und verlockend, weil er klug machte«, da »nahm [sie] von der Frucht und aß und gab ihrem Mann, der bei ihr war, auch davon, und er aß« (1. Mose, 3,6). Die menschliche – Evas – Auffassung ist, daß ein einziger Baum alle Bedürfnisse erfüllt. Das universale Prinzip gebietet aber, alles und nicht nur eines zu essen.

Die folgenden Rezepte berücksichtigen die Universalregel. Ich werde möglichst ausführlich auf die Nahrungsmittel eingehen, damit wir sie der wahren Weisheit gemäß in der richtigen Weise essen lernen, um das Leben zu verlängern. Ich hoffe, meine Leser sind sich dieses Prinzips immer bewußt, denn es befinden sich viele Diätpläne auf dem Markt, die gegen das wahre Prinzip verstoßen. Deswegen fördern solche Diäten auch nicht die Langlebigkeit oder das gesunde innere Gleichgewicht.

Allgemeine Hinweise

Die Bouillons können bei allen entsprechenden Rezepten verwendet werden. Sie eignen sich zum Beispiel für Soßen, Suppen und andere Gerichte. Auf diese Weise werden Geschmack und Nährwert eines jeden Rezepts verbessert. Ein Tip: Sie können die Brühe einfrieren und kleine Würfel davon beim Anrichten von Salaten verwenden.

Kaufen Sie, wenn Sie *Hühnerbrühe* zubereiten wollen, möglichst ein Tier, das ohne Einsatz von Chemie aufgezogen wurde. Das gelbe Fett, das sehr reichlich unter der Haut sitzt, sollten Sie nach dem Kochen entfernen.

Knochen bekommen Sie beim Metzger. Um die wertvollen Nährstoffe herauszulösen, muß man die Knochen kochen, bis sie sehr weich sind.

Käse: Am besten verwenden Sie Käse aus Magermilch.

Fisch: Besonders nährstoffreich ist Katfisch, doch liefern alle Fische reichlich Nährstoffe. Wenn Sie statt Fisch lieber Schalentiere essen, tun Sie das ruhig, aber achten Sie darauf, allen Sand gründlich von Venusmuscheln, Miesmuscheln und anderen Schalentieren zu entfernen. Krabben schneiden Sie längs in der Mitte des Rückens ein, um die dunkle Arterie, die Abfallstoffe enthält, zu entfernen. Vorsicht – verwenden Sie keine Schalentiere, die an der Oberfläche Fehler aufweisen, oder Muscheln, die sich geöffnet haben.

Gemüse: Algen sind (wegen ihres Jodgehaltes) sehr wichtig für die Schilddrüse. Frisch sind sie manchmal beim Fischhändler, getrocknet in asiatischen Lebensmittelgeschäften erhältlich. Die innere Reinigung wird durch Mu-err-Pilze, die bereits erwähnten »Wolkenohren«, gefördert.

Reis sollten Sie stets gründlich spülen. Aus ästhetischen oder verpackungstechnischen Gründen wird Reis manchmal mit Talkum versetzt. Talkum kann indes Krebs verursachen. Spülen Sie den Reis also mehrmals, bevor Sie ihn kochen. Hierfür geben Sie die benötigte Menge Reis in einen großen Topf, fügen die doppelte Menge Wasser hinzu und rühren die Reiskörner kräftig mit der

Hand durch. Wenn das Wasser milchig wird, warten Sie, bis der Reis sich gesetzt hat, und gießen es dann ab (es kann ruhig ein bißchen Wasser im Topf zurückbleiben, damit der Reis nicht mit in den Ausguß geschüttet wird). Spülen Sie, bis das Wasser klar bleibt. Verwenden Sie möglichst keinen Instantreis oder Beutelreis.

Fleisch sollten Sie immer nach der Anleitung von Seite 136 wässern und vorbereiten.

Süßen Sie Speisen nach Möglichkeit mit Rohzucker oder Honig. Die darin enthaltenen Naturstoffe machen diese Süßmittel bekömmlicher als Raffinadezucker.

Nehmen Sie stets *drei Mahlzeiten* am Tag zu sich. Beherzigen Sie die goldene Regel: Essen Sie morgens wie ein König, mittags wie ein Edelmann und abends wie ein Bettler.

Ernährungsfahrplan für eine 100-Tage-Diät

Aus den folgenden Rezepten können Sie Frühstück, Mittagessen und Abendessen zusammenstellen. Jede Mahlzeit läßt sich mit Reis, kleinen Mengen Brot oder Brötchen kombinieren. Achten Sie darauf, täglich einen Apfel und zwei Orangen oder eine halbe bis eine Grapefruit und eine Banane oder anderes Obst je nach Jahreszeit, etwa Kirschen und Melonen zu essen (200 bis 250 Gramm).

Ein Beispiel:

Frühstück

Ei mit Pilzen
Toast
1 Tasse Magermilch
1 Banane

Mittagessen

1 Teller/Schale Fischsuppe

Gurkensalat
Hähnchen in Weinessig
1 Schälchen Reis

Abendessen

Sandwich mit gegrillter Ochsenzunge
1 Orange
1 Tasse Tee

Das ist nur ein Vorschlag für einen Tag. Ich habe Rezepte zusammengestellt, aus denen Sie mit ein bißchen Phantasie einen Diätplan für 100 Tage entwickeln können.

Das richtige Essen ist mit das Wichtigste, das wir beitragen können, um gesund zu werden und zu bleiben. Außerdem ist es die beste Art, das Leben zu genießen. Nehmen Sie sich möglichst viel Zeit zum Essen. Wenn Sie Ihre Mahlzeit zubereitet haben, setzen Sie sich zu Tisch, entspannen Sie sich und genießen Sie Ihr Essen ausgiebig. Ich wiederhole:

Essen Sie pünktlich.
Essen Sie gut.
Essen Sie langsam.
Essen Sie ausgewogene Mahlzeiten.
Und genießen Sie es. Essen ist die größte Gabe Gottes.

Universalbouillons für alle Rezepte

Wir verwenden vor allem drei Arten von Bouillon:

- Hühnerbrühe
- Knochenbrühe
- Fischbrühe

Hühnerbrühe

1 ganzes Huhn
1 grüne Zwiebel
2 Eßlöffel Kochwein
2 Scheiben Ingwer
1 Eßlöffel Salz oder Salz nach Geschmack
10 Tassen Wasser

Zerteilen Sie das Huhn, und schneiden Sie es in 5 Zentimeter große Würfel. Vermengen Sie diese in einer Schüssel mit der Zwiebel, dem Ingwer, Salz und Wein, und lassen Sie das Ganze 20 bis 30 Minuten ziehen.

Dann bringen Sie in einem Topf 10 Tassen Wasser zum Kochen, geben die Hühnerteile mit den Zutaten in das Wasser und lassen es aufkochen. Stellen Sie die Hitze zurück und lassen Sie das Huhn etwa 2 Stunden köcheln, bis die Knochen weich sind.

Nehmen Sie den Topf vom Herd. Lassen Sie die Suppe 1 Stunde abkühlen. Dann gießen Sie die Brühe durch ein Sieb, in dem die großen, festen Stücke zurückbleiben.

Stellen Sie die Brühe über Nacht in den Kühlschrank. Am nächsten Morgen entfernen Sie die erstarrte Fettschicht, die sich an der Oberfläche der Brühe gesammelt hat (sie ist im Gegensatz zur Brühe darunter undurchsichtig). Die Bouillon hat eine geleeartige Konsistenz. Sie kann wieder erhitzt und allen Rezepten zugegeben werden, um den Geschmack zu verbessern.

Knochenbrühe

3 Pfund Knochen vom Schwein oder vom Huhn
1 Eßlöffel Salz
2 Scheiben Ingwer
1 grüne Zwiebel
4 Eßlöffel Wein

Die Zubereitung geschieht wie bei der Hühnerbouillon. Lassen Sie die Suppe köcheln, bis die Knochen weich sind. Dann zerstampfen Sie die Knochen und seihen die Brühe ab.

Fischbrühe

2 Pfund Katfisch (ganz, geschuppt und ausgenommen)
1/4 Teelöffel Pfeffer
3 Scheiben Ingwer
1 grüne Zwiebel
4 Eßlöffel Kochwein

Die Zubereitung erfolgt wie bei der Hühnerbouillon.

Suppen

Alle Rezepte sind für vier Personen berechnet.

Algensuppe

60 Gramm Schweinefleisch, in dünne Scheibchen geschnitten
1 Eßlöffel grüne Zwiebel, klein gewürfelt
1 Scheibe Ingwer
1/2 Teelöffel Wein
1/2 Teelöffel Maisstärke
1/2 Tasse Hühnerbouillon
3 Tassen Wasser
1 Teelöffel Salz oder Salz nach Geschmack
2 Blatt getrocknete Algen

Schweinefleisch, Zwiebel, Ingwer, Wein und Maisstärke in eine

Schüssel geben und gut durchmischen. Nun 15 Minuten ziehen lassen.

Bouillon und Wasser in einem Topf erhitzen. Sobald die Flüssigkeit kocht, salzen und das Fleisch mit den Zutaten hineingeben.

Algenblätter in Stücke zupfen oder mit der Küchenschere schneiden und beifügen.

Ein paar Minuten kochen. Servieren.

Wirkung: Diese Suppe tonisiert die Schilddrüse. Sie ist gut für den Stoffwechsel, reinigt das Blut, entschlackt und verbessert das Zusammenspiel der Hormone.

Fischsuppe

110–140 Gramm Fischfilet, in Scheiben geschnitten
1 Teelöffel Maisstärke
1/2 Teelöffel Salz oder Salz nach Geschmack
1/2 Teelöffel feingewiegte grüne Zwiebel
1 Eßlöffel Wein
1/2 Tasse Fischbouillon
3 Tassen Wasser
1/4 Tasse Bambussprossen oder Gurke, in Scheiben geschnitten
1/2 Teelöffel Salz oder Salz nach Geschmack
2 Eßlöffel Maisstärke
1 Eßlöffel Wasser
1/2 Eßlöffel chinesisches Sesamöl
Pfeffer nach Geschmack

Den Fisch mit 1 Teelöffel Maisstärke, Salz, Zwiebel und Wein in einer Schüssel gut durchmischen und ruhenlassen.

Bouillon mit 3 Tassen Wasser aufkochen lassen, dann Fisch mit Zutaten sowie Bambussprossen (oder Gurke) und Salz hineingeben.

Dann 2 Eßlöffel Maisstärke mit 1 Eßlöffel Wasser in einem Schälchen verrühren und unter leichtem Rühren in die Suppe geben.

Suppe mit chinesischem Sesamöl würzen, pfeffern und servieren.

Wirkung: Diese Suppe enthält reichlich Eiweiß und Vitamine. Sie wirkt verjüngend, beugt Krebserkrankungen vor. Sie ist ein echtes Aufbau- und Schönheitsmittel.

(*Anmerkung der Übersetzerin:* Als »chinesisches Sesamöl« wird in den Rezepten das aus geröstetem Sesam gepreßte, dunkle, würzige Öl bezeichnet. Es wird nicht erhitzt. Im Unterschied hierzu wird Sesamöl aus den unbehandelten Samen kalt gepreßt und zum Kochen verwendet. Es ist hell und relativ geschmacksneutral.)

Scharf-saure Suppe

6 Stück Wolkenohren (Mu-err)
10 Lilienknospen, getrocknet
$^1/_2$ Tasse Hühnerbouillon
3 Tassen Wasser
$^2/_3$ eines Päckchens Tofu, abgespült und in Würfel geschnitten
1 grüne Zwiebel, feingewiegt
10 dünne Scheiben mageres Schweinefleisch
$^1/_2$ Teelöffel Pfeffer
$^1/_4$ Tasse Bambussprossen, in Scheiben
30 Gramm getrocknete Garnelen
(aus dem asiatischen Lebensmittelgeschäft)
1 Teelöffel Salz
$^1/_2$ Teelöffel chinesisches Sesamöl
1 – 3 Eßlöffel Weinessig, mehr oder weniger (nach Geschmack)
1 Ei, verquirlt
1$^1/_2$ Eßlöffel Maisstärke
1 Eßlöffel Wasser

Sie waschen die Pilze und die Lilienknospen und lassen sie getrennt im Wasser quellen, bis sie weich sind. Die Pilze schneiden Sie in Streifen, nachdem Sie die harten Teile entfernt haben. Die Lilienknospen schneiden Sie in der Mitte durch.

Bringen Sie die Hühnerbouillon mit dem Wasser zum Kochen. Geben Sie alle Zutaten bis auf Ei, Essig und Maisstärke dazu. Bei schwacher Hitze 10 bis 15 Minuten kochen lassen. Abschmecken. Essig einrühren. Im Uhrzeigersinn rühren, dabei ganz langsam das verquirlte Ei einlaufen lassen, das in langen Fäden gerinnt. Zum Schluß die mit Wasser angerührte Stärke dazugeben. Suppe umrühren, bis sie leicht angedickt ist. Heiß servieren.
Wirkung: Diese Suppe ist ausgezeichnet bei Erkältungen, Husten, schlechter Kreislauffunktion, Bronchitis, Arthritis, träger Leber, Verdauungsschwäche, Störung des hormonellen Gleichgewichtes, schadstoffbelastetem Blut. Außerdem senkt sie den Cholesterinspiegel.

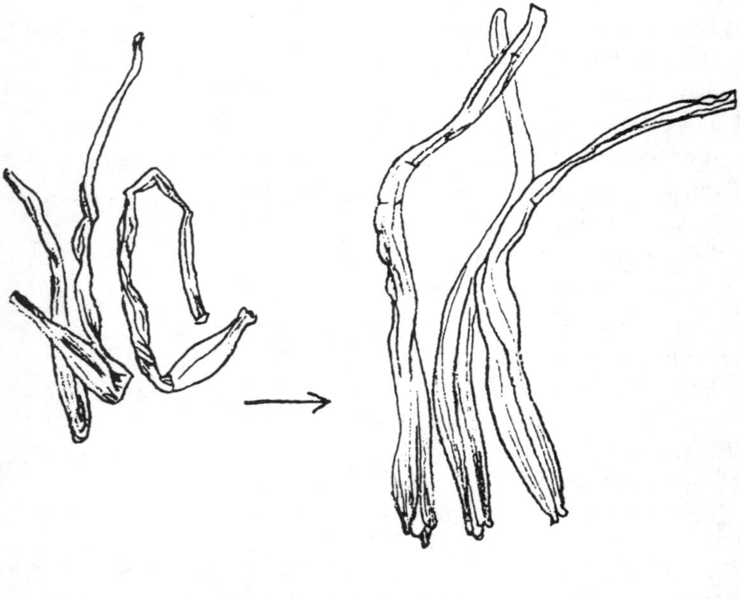

getrocknet nach dem Einweichen

Abb. 20: Lilienknospen (»goldene Nadeln«)

Hühnersuppe mit Mais

1 Ei, verquirlt
2 Hühnerbrüste, durch den Fleischwolf gedreht
110 Gramm ungesüßter Mais (Dose)
3 Tassen Wasser
$^1/_2$ Tasse Knochenbouillon
1 Teelöffel Salz oder Salz nach Geschmack
1 $^1/_2$ Eßlöffel Maisstärke
1 Eßlöffel Wasser
2 Eßlöffel Magermilch oder entfettete Milch

Ei und Huhn in einer Schüssel mischen und ruhenlassen.

3 Tassen Wasser und Bouillon in einen Topf geben, Mais und Salz hinzufügen und durchrühren. Zum Kochen bringen.

Maisstärke mit 1 Eßlöffel Wasser anrühren. In die kochende Brühe im Uhrzeigersinn einrühren, desgleichen die Huhn-Ei-Mischung. Wieder aufkochen lassen.

Vom Herd nehmen und servieren.

Wirkung: Diese Suppe enthält viel Vitamin E. Sie steigert die sexuelle Energie. Außerdem kräftigt sie das Herz und ist reich an allen anderen Nährstoffen.

Tofu-Spinat-Suppe

3 Tassen Wasser
$^1/_2$ Tasse Gemüsebrühe (aus dem Reformhaus)
1 Päckchen Tofu, abgespült und gewürfelt
1 Handvoll Spinat, gewaschen und kleingehackt
1 Tomate, geschält, entkernt und in Scheiben geschnitten
1 Teelöffel Salz oder Salz nach Geschmack
$^1/_4$ Teelöffel chinesisches Sesamöl
Pfeffer nach Geschmack

Wasser und Gemüsebrühe in einem Topf zum Kochen bringen.
Tofu, Spinat, Tomate und Salz zufügen.
Sesamöl zugeben und pfeffern. Servieren.

Wirkung: Diese Suppe ist Gehirnnahrung. Sie nährt aber nicht nur das Gehirn, sie beruhigt auch das Herz, bekämpft erhöhtes Cholesterin und reinigt die Blutgefäße. Die Suppe ist reich an Eiweiß und anderen Nährstoffen.

Salatsoßen

Gewürzöl mit Zitrone

$^1/_4$ Tasse chinesisches Sesamöl
$^1/_4$ Tasse frischer Zitronensaft
$^1/_2$–$^3/_4$ Teelöffel Salz (nach Geschmack)
$^1/_4$ Teelöffel gemahlener schwarzer Pfeffer

Zutaten in ein Gefäß mit Schraubdeckel geben und kräftig schütteln. Im Kühlschrank aufbewahren. Vor Gebrauch gut schütteln.

Öl-Essig-Dressing mit Sojasoße

6 Eßlöffel Sesamöl
1 $^1/_2$ Eßlöffel Sojasoße
3 Eßlöffel Weißweinessig
1 Teelöffel weißer Pfeffer
1 Teelöffel Knoblauch, feingewiegt
$^1/_2$–$^3/_4$ Teelöffel Salz (nach Geschmack)

Zutaten gut miteinander vermischen. Kühlen. Vor Gebrauch ordentlich schütteln.

Vinaigrette, gewürzt

1 Teelöffel scharfer Senf (Dijon-Senf)
$^1/_4$ Tasse chinesisches Sesamöl
$^1/_4$ Tasse Weißweinessig
$^3/_4$ Teelöffel Dill
$^3/_4$ Teelöffel Thymian
$^1/_2$ Teelöffel Rohzucker
1 Teelöffel Knoblauch, feingewiegt
$^3/_4$ Teelöffel Schnittlauch
$^1/_2$–$^3/_4$ Teelöffel Salz (nach Geschmack)

Alle Zutaten vermischen und kräftig schütteln. Kühlen. Vor Gebrauch ordentlich schütteln.

Joghurtsoße mit Gurke und Zitrone

$^1/_4$ Tasse Joghurt natur
2 Eßlöffel Sesamöl
2 Eßlöffel frischer Zitronensaft
2 Eßlöffel pürierte Gurke
2 Eßlöffel Zwiebeln, feingehackt
1 Teelöffel frische Minze, feingewiegt
1 Teelöffel frische Petersilie, feingewiegt
$^1/_2$–$^3/_4$ Teelöffel Salz (nach Geschmack)
$^1/_2$ Teelöffel schwarzer Pfeffer, gemahlen

Alle Zutaten vermischen. Kräftig schütteln. 6 Stunden ziehen lassen. Im Kühlschrank aufbewahren. Die Soße hält sich dann etwa eine Woche.

Soße mit Blauschimmelkäse

$^{1}/_{4}$ Tasse Sesamöl, kalt gepreßt
2 Teelöffel Weißweinessig
50 Gramm Blauschimmelkäse (Roquefort, Gorgonzola oder ähn liches)
6 Eßlöffel Sahne
1 Teelöffel Worcestersoße
1 Teelöffel Zwiebel, feingehackt
$^{1}/_{4}$ Teelöffel schwarzer Pfeffer, gemahlen
$^{1}/_{2}$–$^{3}/_{4}$ Teelöffel Salz (nach Geschmack)

Zutaten gründlich vermischen. Kühl aufbewahren.

Mayonnaise

1 Eidotter
$^{1}/_{2}$ Teelöffel Senfpulver
$^{1}/_{2}$–$^{3}/_{4}$ Teelöffel Salz (nach Geschmack)
2 Teelöffel frischer Zitronensaft
$^{3}/_{4}$ Tasse chinesisches Sesamöl
1 Teelöffel weißer Pfeffer
1 Teelöffel Zimt (nach Belieben)

Eidotter 2 Minuten schlagen. Senfpulver, Salz und Zitronensaft zugeben und noch 1 Minute mixen, dabei nach und nach Sesamöl zufügen. Mit weißem Pfeffer und (eventuell) mit Zimt abschmekken.

Sahnesoße mit Gewürzen

$^{1}/_{4}$ Tasse saure Sahne
2 Eßlöffel Mayonnaise (ohne Zimt)
1 Eßlöffel Estragon-Essig
2 Teelöffel frischer Zitronensaft

1 Teelöffel Knoblauch, feingehackt
1 Eßlöffel Petersilie, feingewiegt
1 Teelöffel Schnittlauch
2 Teelöffel grüne Zwiebel, feingehackt
2 Teelöffel Anchovispaste
$^{1}/_{2}$–$^{3}/_{4}$ Teelöffel Salz (nach Geschmack)
1 Teelöffel weißer Pfeffer

Zutaten miteinander vermengen. Gründlich durchschütteln. Gekühlt aufbewahren.

Vorschläge für das Frühstück

Alle Rezepte sind für vier Personen berechnet.

Viele dieser Gerichte lassen sich am Vorabend vorbereiten, so daß man am nächsten Morgen weniger Arbeit hat. Alle nachstehend beschriebenen Frühstücksrezepte sollen den Nährstoffbedarf vollständig decken und sind hervorragende Energiespender.

Trinken Sie hin und wieder eine Tasse Tee zum Frühstück. Grüne Zwiebeln bewirken keinen schlechten Mundgeruch.

Gebackener Reis mit Ei

4 Eßlöffel Pflanzenöl
4 Eier, verquirlt
4 Tassen gekochter Reis
1 grüne Zwiebel, feingehackt
1 Eßlöffel ausgelassener Speck oder Schinkenwürfelchen
$^{1}/_{2}$ Teelöffel Salz

Öl in einer Pfanne erhitzen, verquirlte Eier einrühren, Reis zufügen, salzen und Speck oder Schinken unterrühren. Kosten, eventuell nachsalzen, grüne Zwiebel zugeben.

Nun 3 bis 4 Minuten unter Rühren braten. Servieren.

Wirkung: Dieses Frühstück ist besonders empfehlenswert für Menschen, die körperlich arbeiten und deshalb morgens eine solide, kräftige Mahlzeit brauchen.

Eier mit Fisch

110 Gramm Fisch
1/2 Teelöffel Salz
1 Eßlöffel Maisstärke
1 Eßlöffel Wein
1 Teelöffel Sojasoße
1 Messerspitze schwarzer Pfeffer
1 grüne Zwiebel, gehackt
1/2 Teelöffel Salz
1/2 Tasse Fischbouillon
1/2 Teelöffel chinesisches Sesamöl
4 Eier

Fisch, 1/2 Teelöffel Salz, Maisstärke, Wein, Sojasoße, Pfeffer und Fischbouillon in einer Schüssel mischen, beiseite stellen und ziehen lassen.

Eier mit 1/2 Teelöffel Salz verquirlen.

Eier, vorbereiteten Fisch und grüne Zwiebel vermischen, auf flacher Schüssel im Dämpfer 15 Minuten garen, servieren.

Eier mit Pilzen

12 frische mittelgroße Pilze
12 Wolkenohren (Mu-err), eingeweicht und abgetropft
4 Eßlöffel Pflanzenöl
1 Eßlöffel grüne Zwiebel, gehackt
1 Scheibe Ingwer, feingehackt

¾ Teelöffel Knoblauch, feingewiegt
1 Eßlöffel Sojasoße
1 Teelöffel Zucker
1 Teelöffel Weinessig
4 gut verquirlte Eier

Pilze in Streifen schneiden und in 1 Eßlöffel Pflanzenöl anbraten. In einem Schälchen beiseite stellen.

Restliches Pflanzenöl in einer Pfanne erhitzen, Zwiebel, Ingwer und Knoblauch zugeben. Dann Pilze, Sojasoße, Zucker und Essig unter Rühren braten.

Zuletzt die Eier zugeben, kurz mitbraten. Servieren.

Rindfleisch mit Eiern und Bambussprossen

220 Gramm mageres Rindfleisch, in Scheiben geschnitten
1 Eßlöffel Wein
1 Eßlöffel Maisstärke
2 Eßlöffel Sojasoße
¼ Teelöffel Salz
1 Teelöffel Zucker
1 grüne Zwiebel, in 2,5 Zentimeter lange Stücke geschnitten
4 Eier
2 Scheiben Ingwer, sehr fein gewiegt
4 Eßlöffel Pflanzenöl
1 kleine Dose Bambussprossen, in Scheiben

Rindfleisch, Wein, Maisstärke, Sojasoße, Salz und Zucker zusammengeben. Ingwer und Bambussprossen untermischen.

In einer Pfanne 2 Eßlöffel Pflanzenöl erhitzen, das Fleisch mit den Zutaten hineingeben und unter Rühren braten, bis das Fleisch gar ist.

In einer anderen Pfanne 2 Eßlöffel Pflanzenöl heiß werden lassen, die Zwiebel anbraten, die Eier zufügen und alles rühren, bis die Eier gestockt sind.

Eier und Fleisch zusammen anrichten. Oder die Zwiebel anbraten, zu dem vorbereiteten Fleisch geben, die Eier dazufügen und alles zusammen in der Pfanne braten.

Rührei mit Hühnerbrüstchen

2 Hühnerbrüste, in 4 Stücke zerteilt
4 Eßlöffel Sojasoße
2 Eßlöffel Wein
$^1/_2$ Eßlöffel Zucker
1 Eßlöffel Maisstärke
1 Eßlöffel chinesisches Sesamöl
4 Eier
8 Eßlöffel Pflanzenöl
1 grüne Zwiebel, in 2,5 Zentimeter lange Stücke geschnitten
2 Scheiben Ingwer, gehackt

Hühnerfleisch, Sojasoße, Wein, Zucker, Maisstärke und Sesamöl zusammengeben.

Gut durchmischen und 20 Minuten ziehen lassen. Dann Fleisch herausnehmen. Marinade aufbewahren.

In der Pfanne 4 Eßlöffel Pflanzenöl erhitzen, Zwiebel und Ingwer sautieren und das Fleisch braten, bis es gar ist.

In einer anderen Pfanne 4 Eßlöffel Pflanzenöl erhitzen, 1 Ei hineingeben und braten.

1 Stück Hühnerbrust auf das gebratene Ei legen. Mit den anderen 3 Eiern und Fleischstücken genauso verfahren.

Marinade erhitzen, vorsichtig über das Gericht gießen. Servieren.

Überbackener Toast

8 Scheiben Brot
220 Gramm Cheddar, gerieben

4 Eßlöffel Pflanzenöl
4 Eier, verquirlt
2 Tassen entrahmte oder fettarme Milch
1 Eßlöffel grüne Zwiebel, gehackt
$^1/_2$ Teelöffel Salz
110 Gramm Krabben oder mageres Hackfleisch

Brot in Würfel schneiden. Ein kleines Backblech (etwa 32 mal 22 Zentimeter groß) oder eine niedrige Auflaufform gleichmäßig mit dem Pflanzenöl einfetten. Brot auf dem Blech verteilen und den geriebenen Käse darüberstreuen.

Die geschlagenen Eier mit Milch, grünen Zwiebeln und Salz vermischen und über das Brot gießen.

Krabben oder Fleisch darüber verteilen.

Im Backrohr 45 bis 60 Minuten bei 180°C backen. Prüfen, ob das Gericht gar ist, und servieren.

Mit Alufolie bedeckt, kann man dieses Gericht über Nacht im Kühlschrank aufbewahren und am nächsten Morgen aufwärmen.

Gedämpfte Eier mit Spinat

$^1/_2$ Pfund Spinat, gewaschen und gehackt
4 Eier, verquirlt
$^1/_4$ Teelöffel Salz
1 Tasse Hühnerbrühe
1 Teelöffel Pflanzenöl

Eier, Salz und Hühnerbrühe zusammen kräftig aufschlagen.
Eine große Schüssel mit Pflanzenöl einfetten. Spinat unter die Eier rühren und in die Schüssel geben.

Im Dämpfer 18 Minuten garen und servieren.

Fleisch-Ei-Auflauf

$^1/_2$ Pfund mageres Rindfleischhack
1 Teelöffel Salz
$^1/_4$ Teelöffel Ingwerpulver
1 Eßlöffel Wein
1 Eßlöffel Maisstärke
4 Eier
1 grüne Zwiebel, gehackt
1 Teelöffel chinesisches Sesamöl

Fleisch, Salz, Ingwer, Wein und Maisstärke in einer Schüssel gründlich durchmischen.

Die Eier darunterrühren.

Die vorbereitete Mischung in einer flachen Schüssel 30 Minuten im Dämpfer garen.

Probieren, ob das Gericht gar ist. Mit der grünen Zwiebel und Sesamöl garnieren. Servieren.

Eierpfannkuchen mit Fisch

$^1/_2$ Pfund Kabeljaufilet, durch den Fleischwolf gedreht
$^1/_4$ Teelöffel schwarzer Pfeffer
1 Teelöffel Wein
1 Eßlöffel Maisstärke
4 Eier, jedes separat verquirlt
4 Eßlöffel Pflanzenöl
1 Karotte, längs geviertelt
1 Teelöffel Salz

Fisch, Pfeffer, Wein, Maisstärke und Salz in einer Schüssel gründlich vermischen und ruhenlassen.

1 Eßlöffel Pflanzenöl in einer Pfanne erhitzen, die Fischzubereitung 5 Minuten unter Umrühren darin braten, abtropfen lassen und beiseite stellen.

In einer weiteren Pfanne 1 Teelöffel Öl erhitzen, ein geschlagenes Ei hineingeben und so verteilen, daß ein dünnes Omelett entsteht.

Mit einem Viertel der Fischzubereitung füllen und zusammenrollen. Ein Karottenviertel in die Mitte der Rolle stechen. Mit den restlichen drei Eiern und der Fischfüllung ebenso verfahren.

Die Eierrollen über Nacht im Kühlschrank aufbewahren. Am nächsten Morgen können sie problemlos 15 Minuten bei ca. 160 °C aufgebacken werden.

Mittagsgerichte

Zur Mittagsmahlzeit sollte stets frisches Gemüse und Obst verzehrt werden. Alle Rezepte sind für vier Personen berechnet.

Gegrillte Zunge (siehe unter Abendmahlzeiten)

Gegrillte Beinscheibe vom Rind (siehe unter Abendmahlzeiten)

Cha Shao, gegrillt

2 Pfund Schweinefleisch
$^{1}/_{2}$ Tasse Sojasoße
$^{1}/_{4}$ Tasse Ketchup
$^{1}/_{4}$ Teelöffel Zimt, gemahlen
1 Eßlöffel Salz
1 Eßlöffel Zucker
1 kleine Knoblauchknolle, feingehackt
1 Stück Ingwer
1 grüne Zwiebel, geviertelt
2 Eßlöffel Wein
3 Eßlöffel Pflanzenöl

Schweinefleisch in 5 Zentimeter große Stücke schneiden.

Sojasoße, Ketchup, Zimt, Salz, Zucker, Knoblauch, Ingwer, Zwiebel und Wein verrühren. In dieser Marinade das Fleisch 3 Stunden ziehen lassen, zwischendurch die Fleischstücke wenden. Fleisch in der Marinade ½ Stunde garen, aus der Marinade nehmen, abkühlen lassen. In einer Pfanne das Pflanzenöl erhitzen und die Fleischstücke darin goldbraun braten. Nach dem Abkühlen in dünne Scheiben schneiden. Mit der Marinade servieren.

Wirkung: Dieses Gericht liefert Energie und Nährstoffe. Es wirkt außerdem entschlackend und entgiftend.

Reis mit Fleisch

2 Tassen Reis, ungekocht
½ Pfund ganz mageres Hackfleisch, etwa vom Lamm, oder getrocknete Krabben (halbe Menge)
1 Karotte, geschält und gewürfelt
1 Zwiebel, gewürfelt
6 Eßlöffel Ketchup
2 Eßlöffel Pflanzenöl
1 Teelöffel Salz
3 ½ Tassen Wasser

Reis waschen. In einer Pfanne das Öl erhitzen, Karotte und Zwiebel darin andünsten, Reis, Fleisch, Ketchup, Salz und Wasser zufügen.

(Falls Sie statt Fleisch lieber Krabben verwenden, überbrühen Sie diese mit kochendem Wasser. Abgießen und noch 10 Minuten in warmem Wasser einweichen, bevor Sie sie weiterverarbeiten.)

Zum Kochen bringen, Hitze reduzieren und zugedeckt ½ Stunde garen; dabei gelegentlich umrühren.

Wirkung: Dieses Gericht wirkt insgesamt energiesteigernd und entgiftend. Es eignet sich auch gut als Abendmahlzeit.

Spaghetti

110 Gramm Krabben, getrocknet
1 Eßlöffel chinesisches Sesamöl
1/2 Pfund Spaghetti
2 Eßlöffel Pflanzenöl
110 Gramm mageres Fleisch, durch den Fleischwolf gedreht
1/2 Teelöffel Salz oder nach Geschmack
1 Eßlöffel Wein
110 Gramm frische Pilze, kleingeschnitten
50 – 60 Gramm geröstete, ungesalzene Erdnüsse, gehackt
1 kleine getrocknete Chilischote, halbiert
3 Eßlöffel Erdnußbutter
1 Eßlöffel Essig
1/2 Teelöffel Zucker
1 grüne Zwiebel, gehackt
1 Tasse Wasser oder Hühnerbrühe
1 Eßlöffel Maisstärke, mit 2 Eßlöffeln kaltem Wasser angerührt

Krabben einweichen, abtropfen lassen, kleinschneiden. Spaghetti kochen, mit Sesamöl vermischen, gut schütteln. Warm stellen.

In einer Pfanne das Pflanzenöl erhitzen, Krabben, Fleisch, Salz, Wein und Pilze zugeben und 1 bis 2 Minuten unter Rühren braten, bis das Fleisch gebräunt ist. Erdnüsse, Chili, Erdnußbutter, Essig, Zucker und grüne Zwiebel zufügen. 1 Tasse Wasser oder Hühnerbrühe und die angerührte Stärke angießen. Gut umrühren. Soße mit den Spaghetti vermischen und servieren.

Wirkung: Dieses Gericht versorgt den Körper mit Energie und entgiftet ihn insgesamt. Als Abendmahlzeit eignet es sich ebenfalls.

Curry-Pastetchen

1 Packung Pastetenteig (nach Gebrauchsanweisung zubereiten)
1/4 Tasse Wasser

280–350 Gramm mageres Fleisch (Schwein oder Rind)
1 Eßlöffel Wein
1 Eßlöffel Maisstärke
1 Teelöffel Salz
1 Eßlöffel grüne Zwiebel, gehackt
2–3 Eßlöffel Currypulver
4 Eßlöffel Pflanzenöl
2 Zwiebeln, in Würfel geschnitten
2 Eidotter
1 Eßlöffel Wasser

Das in feine Streifen geschnittene Fleisch in Wein, Stärke, Salz und grüner Zwiebel 10 Minuten marinieren.

In einer Pfanne 2 Eßlöffel Pflanzenöl erhitzen und das Fleisch mit der Marinade unter Rühren braten. Curry darüberstreuen und weitere 5 Minuten unter Rühren braten. Auf Küchenkrepp abtropfen lassen. Nun 2 Eßlöffel Pflanzenöl in der Pfanne erhitzen, Zwiebelwürfel darin andünsten, abtropfen lassen, mit dem Fleisch vermischen.

Aus dem Pastetenteig eine lange Rolle formen. In 4 Teile schneiden. Jedes Stück dünn ausrollen und daraus 10 runde Tortillas ausstechen (siehe Abb. 21).

Jeweils auf 1 Teigstück etwas von der vorbereiteten Füllung geben, ein weiteres darauflegen und die Ränder mit einer Gabel fest zusammendrücken. Auf diese Weise 20 Pastetchen herstellen.

Ein Backblech gut einfetten. Die Eidotter mit 1 Eßlöffel Wasser glattrühren. Die kleinen Pasteten mit Eidotter bestreichen und auf das Backblech legen, ohne daß ihre Ränder einander berühren.

Zuerst 15 Minuten bei 200°C, dann 10 bis 15 Minuten bei 190 °C goldbraun backen. Servieren.

Wirkung: Diese Pastetchen wirken stimulierend. Sie sind nahrhaft und spenden Energie.

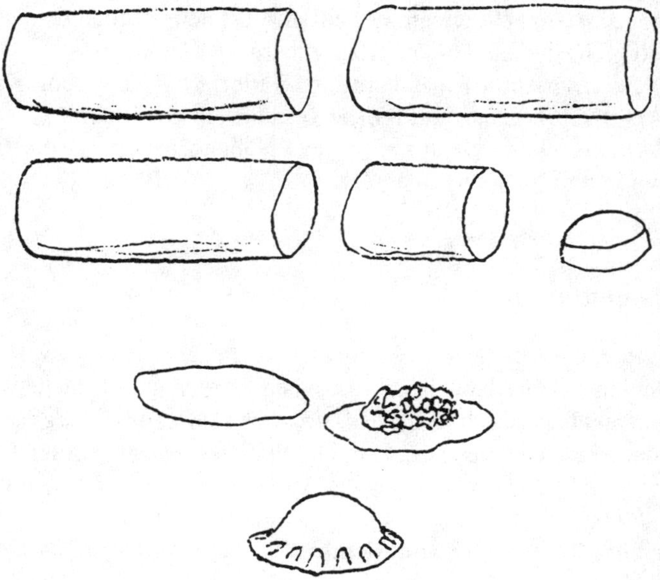

Abb. 21: Herstellung der Pastetchen (Tortillas)

Vitalisierender Salat

1 Pellkartoffel, geschält und zerdrückt
1 hartgekochtes Ei
1 Teelöffel chinesisches Sesamöl
1 Eßlöffel Sesamöl (kalt gepreßt)
1 Eßlöffel Mayonnaise
1/2 Tasse gekochte Makkaroni
1/2 Karotte, geschält, gewürfelt und 3 Minuten gedämpft
1 Apfel, geschält und gewürfelt
1/2 Gurke, geschält und gewürfelt
1/2 Teelöffel Salz
1/4 –1/2 Teelöffel Pfeffer (nach Geschmack)

Dotter und Eiweiß trennen. Eiweiß in Würfelchen schneiden.

Eidotter mit Sesamöl und Mayonnaise verrühren.

Diese Creme mit Eiweißwürfeln, Kartoffeln, Makkaroni, Karotte, Apfel, Gurke, Salz und Pfeffer vermischen. Servieren.

Wirkung: Dieser Salat liefert viele Nährstoffe. Er spendet Energie und reinigt den Organismus.

Abendmahlzeiten

Alle Rezepte sind für vier Personen berechnet.

Wegen des Geschmacks wird bei den Rezepten, falls nichts anderes angegeben ist, chinesisches Sesamöl verwendet. Bei allen Rezepten sollte nach persönlichem Gutdünken gesalzen werden.

Gegrillte Beinscheibe vom Rind

1 Pfund Beinscheibe
1/4 Tasse Sojasoße
2 Tassen Wasser
2 Teelöffel Salz
2 grüne Zwiebeln, gewürfelt
2 Scheiben Ingwer
1 Stück Zimtstange
1/4 Tasse Wein
chinesisches Sesamöl

Fleisch (unter fließendem Wasser) abspülen und mit Sojasoße, Wasser, Salz, Zwiebeln, Ingwer, Zimt und Wein in einem Topf zum Kochen bringen. Hitze zurückstellen und 3 Stunden simmern lassen, dabei gelegentlich umrühren.

Abkühlen lassen und Fleisch in dünne Scheiben schneiden. Sesamöl über die Fleischscheiben träufeln und servieren.

Das Fleisch eignet sich auch als Sandwichbelag zum Mittagessen.

Wirkung: Dieses Gericht stärkt die Nerven, da es reich an entsprechenden Nährstoffen ist. Es liefert Energie, enthält aber kaum Fett.

Gewürztes Huhn

2 Eßlöffel Sesamsamen
1 Huhn, etwa 1 Kilogramm schwer
3 Eßlöffel Sojasoße
1 Eßlöffel Wein
1 Eßlöffel Essig
1 Eßlöffel grüne Zwiebel, gehackt
1 Eßlöffel Knoblauch, fein gewürfelt
$^1/_4$ Teelöffel Chilipulver (nach Belieben)
2 Eßlöffel chinesisches Sesamöl, mehr oder weniger
1 Teelöffel Salz
1 Teelöffel Zucker
1 Teelöffel Maisstärke

Sesam rösten.

In einem Topf soviel Wasser, daß das Huhn bedeckt ist, zum Kochen bringen; das Huhn aber erst ins kochende Wasser legen. Aufkochen lassen, dann die Hitze reduzieren und das Huhn 25 Minuten – oder bis es gar ist – köcheln lassen. (Als Garprobe in das Fleisch stechen: Es darf kein Blut heraustreten.) Abkühlen lassen. Haut und Fett entfernen. Das Huhn in 5 × 2,5 Zentimeter große Stücke schneiden.

Sojasoße, Wein, Essig, Zwiebel, Knoblauch, Chilipulver, Sesamöl, Salz, Zucker und Maisstärke miteinander verrühren und über die Fleischstücke geben. Erhitzen, Sesamsamen darüberstreuen und servieren.

Wirkung: Dieses Gericht ist nährstoffreich. Es kräftigt und reinigt die Lungen, regt die Funktion des Dickdarms an und fördert den Stuhlgang.

Süß-saure Schweinelende

1 Pfund Schweinelende, in dünne Scheiben geschnitten
2 Eßlöffel Maisstärke
1 Eßlöffel Wein
1/4 Teelöffel Salz
1 grüne Zwiebel, gehackt
2 Scheiben Ingwer
2 Tassen Pflanzenöl
2 1/2 Tassen Essig
1 Teelöffel Salz
5 1/2 Eßlöffel Zucker
2 Eßlöffel Tomatensoße
2 Eßlöffel Maisstärke
1/2 Tasse Wasser
1 Teelöffel Sojasoße
1/2 Tasse grüne Paprika, gewürfelt
1/2 Tasse Karotten, gewürfelt
1/4 Tasse Ananas, gewürfelt, oder Ananassaft

Fleisch, 2 Eßlöffel Maisstärke, Wein, Salz, Zwiebel und Ingwer in einer Schüssel zusammengeben und 30 Minuten stehenlassen. Öl in einer Pfanne stark erhitzen. Jeweils 2 Scheiben Fleisch darin 2 bis 3 Minuten fritieren. Auf Küchenkrepp legen.

Essig, Salz, Zucker, Tomatensoße, 2 Eßlöffel Maisstärke, Wasser, Sojasoße, grüne Paprika, Karotte und Ananas (oder Ananassaft) in einer Kasserolle unter ständigem Rühren erhitzen, bis die Soße dicklich wird.

Soße über die Fleischstücke gießen, servieren.

Wirkung: Dieses Gericht besänftigt Leber und Bauchspeicheldrüse. Es nährt und entschlackt diese Organe.

Gedämpfter Lachs (Salm)

4 frische Lachssteaks
1 grüne Zwiebel, gehackt
2 Scheiben Ingwer
2 Eßlöffel Wein
1 Teelöffel Salz
1 Eßlöffel Maisstärke
110 Gramm durch die feine Scheibe des Fleischwolfs gedrehtes Schweinefleisch
1/2 Teelöffel Salz
1 Teelöffel Wein
1/2 Teelöffel Maisstärke
1/2 Tasse Bambussprossen, gewürfelt
3 Teelöffel chinesisches Sesamöl oder nach Geschmack
2 Teelöffel Pfeffer
Kiefernnadeln (nach Belieben)

Lachs mit Zwiebel, Ingwer, 2 Eßlöffeln Wein, 1 Teelöffel Salz, 1 Eßlöffel Maisstärke in einer Schüssel gut vermischen und beiseite stellen. Schweinefleisch, 1/2 Teelöffel Salz, 1 Teelöffel Wein und 1/2 Teelöffel Maisstärke in einer Schüssel gut miteinander vermengen und ebenfalls beiseite stellen. Beide Zubereitungen 30 Minuten ziehen lassen. Die Lachssteaks gleichmäßig mit den gewürfelten Bambussprossen bedecken, die Schweinefleischzubereitung darauf verteilen.

Die so vorbereiteten Lachssteaks in den Dämpfer geben, dessen Boden mit Kiefernnadeln belegt werden kann. Das Wasser im Dämpfer 3 Minuten lang kochen lassen, dann die Lachssteaks bei reduzierter Hitze 30 Minuten im Dampf garen.

Mit Sesamöl und Pfeffer würzen und servieren.

Wirkung: Dieses Gericht wirkt entschlackend und entzündungshemmend. Es besänftigt und reinigt den Verdauungsapparat. Das Dämpfen intensiviert den Geschmack, weil es die Aromastoffe bewahrt. Wenn die Kiefernnadeln in das kochende Wasser gegeben werden, bereichert der entstehende Dampf das Gericht, verstärkt das Aroma und erhöht die Nahrhaftigkeit. So zubereitet, fördert es die Langlebigkeit.

Huhn in Kokosmilch

6 Eßlöffel Pflanzenöl
2 Pfund Hühnerbrust oder Hühnerschenkel
1/2 Tasse Mehl
1 Eßlöffel Currypulver
2 Eßlöffel Pflanzenöl
2 grüne Zwiebeln, gehackt
3 Knoblauchzehen, feingewiegt
1 Pfund Kartoffeln
1 Tasse Milch
1 Tasse Hühnerbrühe
1 Teelöffel Salz
2 Eßlöffel Kokosmilch

In einer Pfanne die 6 Eßlöffel Pflanzenöl erhitzen.

Hühnerteile in Mehl wälzen, bis sie ganz davon bedeckt sind. Goldbraun braten und dann auf Küchenkrepp legen. Currypulver mit 2 Eßlöffeln Öl verrühren. Zwiebeln und Knoblauch vermischen und in Curry-Öl dünsten.

Kartoffeln schälen und würfeln. In dem Öl, in dem die Hühnerteile gebraten wurden, goldgelb braten. Ebenfalls auf Küchenkrepp ausbreiten. Pfanne auswischen, Hühnerteile und Kartoffeln mit Zwiebeln und Knoblauch wieder in die Pfanne geben.

Milch, Hühnerbouillon, Salz und Kokosmilch verrühren und über das Fleisch gießen. Zugedeckt 35 bis 45 Minuten schmoren lassen. Servieren.

Wirkung: Dieses Gericht enthält viel Eiweiß. Es ist gesund für Milz und Bauchspeicheldrüse und für die Verdauung. Vor allem unterstützt es die Funktion der Harn- und Geschlechtsorgane.

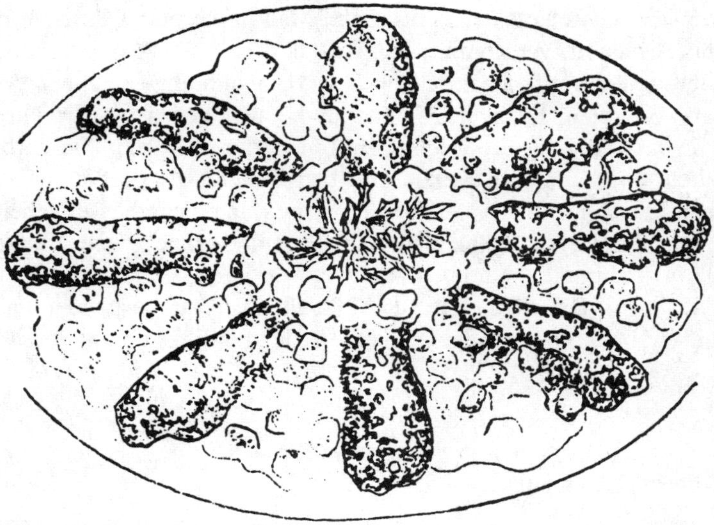

Abb. 22: Huhn in Kokosmilch

Krabben, süß-sauer

1 Pfund Krabben
6 Eßlöffel Ketchup
2 Eßlöffel Rohzucker
1 Eßlöffel Wein
1 Teelöffel Salz
1 Eßlöffel Maisstärke
1 Eßlöffel Wasser
2 grüne Zwiebeln, kleingeschnitten
2 Scheiben Ingwer, kleingeschnitten
6 Eßlöffel Pflanzenöl
1/2 Tasse grüne Erbsen

Krabben schälen und das Blutgefäß vom Rücken entfernen. Die Krabben abspülen und auf Küchenkrepp abtropfen lassen.

Ketchup, Rohzucker, Wein, Salz, Maisstärke und Wasser in einem Schälchen verrühren.

Öl in einer Pfanne erhitzen, Zwiebeln und Ingwer 2 Minuten darin anbraten. Krabben zugeben und 3 Minuten unter Umrühren braten. Öl abgießen, die Krabben in der Pfanne lassen. Die vorbereitete Soße aus dem Schälchen über die Krabben gießen, aufkochen lassen und 2 Minuten lang umrühren. In eine Schüssel geben.

Die Erbsen kurz blanchieren, so daß die grüne Farbe erhalten bleibt, und mit den Krabben vermengt servieren.

Wirkung: Dieses Gericht ist ein fabelhafter Energiespender. Falls Sie an Hautproblemen leiden, sollten Sie allerdings darauf verzichten.

Tofu mit Austern

4 Austern oder 110 Gramm Austernfleisch, gründlich gewaschen und kleingehackt
1 Eßlöffel Maisstärke
1 Teelöffel Wein
2 Eßlöffel Pflanzenöl
1 Eßlöffel Knoblauch, gehackt
1 Eßlöffel grüne Zwiebel, klein geschnitten
2 Päckchen Tofu, abgespült und gewürfelt
2 Eßlöffel Maisstärke
2 Eßlöffel Wasser
1/4 Teelöffel Ingwerpulver
2 Eßlöffel Sojasoße
1/2 Teelöffel Salz oder nach Geschmack
2 Teelöffel chinesisches Sesamöl

Austern in 1 Eßlöffel Maisstärke und Wein marinieren.

In einer Pfanne Pflanzenöl erhitzen und darin Knoblauch und Zwiebel 2 Minuten anbraten. Austern zugeben und 3 Minuten braten. Den Tofu zufügen und 5 Minuten unter häufigem Rühren vorsichtig mitbraten. In einem Schälchen 2 Eßlöffel Maisstärke mit Wasser anrühren, zu den Austern mit Tofu gießen und weiterbraten lassen. Ingwer, Sojasoße und Salz untermischen.

Vom Herd nehmen, mit Sesamöl würzen und servieren.

Wirkung: Dieses Gericht verbessert die Funktion des Gehirns und der Sexualorgane. Es unterstützt die Auflösung von Tumoren.

Tofu-Eintopf

1/2 Pfund Schweinefleisch, in dünne Scheiben geschnitten
1/2 Teelöffel Salz
1 Eßlöffel Wein
1 Eßlöffel Maisstärke
2 Wolkenohrpilze, getrocknet
3 Eßlöffel Pflanzenöl
1 Päckchen Tofu, abgespült und in 3,5 × 1,5 × 1,5 Zentimeter große Stücke geschnitten
2 Eßlöffel Pflanzenöl
2 grüne Zwiebeln, in 2,5 Zentimeter lange Streifen geschnitten
1/4 Tasse Bambussprossen, gewürfelt
2 Eßlöffel Sojasoße
1 Teelöffel brauner Zucker

Schweinefleisch, Salz, Wein und Maisstärke in einer Schüssel vermischen und 30 Minuten ziehen lassen.

Wolkenohren waschen und 30 Minuten in warmem Wasser einweichen. Danach in Streifen schneiden.

In einer Pfanne 3 Eßlöffel Öl erhitzen. Tofu darin goldgelb braten, herausnehmen.

Zwiebeln und Bambussprossen in 2 Eßlöffeln Pflanzenöl anbraten – aufpassen, daß sie nicht anbrennen. Pilze und Schweinefleisch zugeben und 5 Minuten unter häufigem Umrühren braten. Tofu, Sojasoße und braunen Zucker hinzufügen und alles sanft erhitzen, bis die Aromen sich harmonisch miteinander vermischt haben.

Wirkung: Dieses Gericht unterstützt den Organismus beim Kampf gegen Krebs und zu hohe Cholesterinwerte.

Sauer-pikantes Huhn

1 Huhn, zerteilt
1 1/2 Teelöffel Salz
1 Eßlöffel Pflanzenöl
1 Eßlöffel Knoblauch, gehackt
1/3 Tasse Weinessig
1/4 Tasse Wein
1/3 Tasse frischer Zitronensaft
4 Eßlöffel Wasser
1 Eßlöffel Ketchup
1 Eßlöffel Maisstärke
1 Eßlöffel Petersilie, feingewiegt
3/4 Teelöffel schwarzer Pfeffer

Hühnerteile mit Salz und Pfeffer einreiben.

Öl in einer Pfanne erhitzen, Hühnerteile darin auf allen Seiten goldgelb braten. Knoblauch, Weinessig, Wein, Zitronensaft, Wasser und Ketchup zufügen. Zugedeckt bei schwacher Hitze 15 bis 20 Minuten garen. Maisstärke einrühren, um die Soße anzudicken.

Zum Anrichten mit Petersilie bestreuen und auftragen.

Wirkung: Dieses Gericht beruhigt und reinigt die Gallenblase, die Leber und die Nerven. Es erhält die Sehkraft.

Braten in Erdnußbuttersoße

2 Pfund Bratenfleisch (vom Rind)
1/2 Teelöffel Salz
1 Eßlöffel Wein
1 Eßlöffel Maisstärke

1 grüne Zwiebel, gehackt
1 Scheibe Ingwer
1 Teelöffel Knoblauchpulver
Saft einer halben Zitrone
85 Gramm Erdnußbutter
1 rote Pfefferschote, getrocknet
1 Teelöffel Knoblauch, feingewiegt
1 Zwiebel, gewürfelt
1 Eßlöffel Sojasoße
2 Eßlöffel Pflanzenöl

Das Fleisch in einer Mischung aus Salz, Wein, Maisstärke, grüner Zwiebel, Ingwer und Knoblauchpulver 30 Minuten lang marinieren.

Pflanzenöl in einer Kasserolle erhitzen, gewiegten Knoblauch, Zwiebel und Pfeffer darin anbraten.

Erdnußbutter mit etwas Wasser anrühren, in die Kasserolle geben und aufkochen. Dann den Zitronensaft zufügen.

Bratenfleisch in fingerdicke Scheiben schneiden. Soße aus der Kasserolle über das Fleisch gießen. Noch 30 Minuten ziehen lassen. Fleisch bei 160 °C im Backofen 30 Minuten schmoren, bis es gar ist.

Mit dem entstandenen Saft auftragen. Falls zuwenig Soße vorhanden ist, kann mehr zubereitet werden.

Wirkung: Dieses Gericht wirkt entstauend und entzündungshemmend.

Kutteln vom Rind

280 – 450 Gramm Kutteln
1 Eßlöffel Pflanzenöl
1 Zwiebel, gewürfelt
1 Stange Staudensellerie
$^1/_2$ Teelöffel Salz oder nach Geschmack
$^1/_4$ Teelöffel Pfeffer

2 Eßlöffel Maisstärke
1 1/2 Tassen Knochenbrühe
1 Eßlöffel Essig
1 grüne Zwiebel, gewürfelt
1 Teelöffel chinesisches Sesamöl (oder nach Geschmack)

Kutteln gründlich waschen. In einen Topf mit Wasser geben, so daß sie bedeckt sind, und zum Kochen bringen. Die Hitze reduzieren und 30 Minuten weiterköcheln.

Die Kutteln nun abkühlen lassen, danach in Streifen schneiden.

In einer Pfanne Zwiebelwürfel und Sellerie in Pflanzenöl anbraten. Salz, Pfeffer, Maisstärke und Brühe einrühren. Den Essig zufügen.

Die Soße über die Kutteln gießen. Mit grüner Zwiebel und Sesamöl anrichten und auftragen.

Wirkung: Gut für den Magen, verdauungsfördernd. Kräftigt das Magengewebe und den Zwölffingerdarm.

Gegrillte Zunge

2 – 3 Pfund Rinderzunge
2 Eßlöffel Pflanzenöl
1 Zwiebel, gewürfelt
1/2 Tasse Ketchup
2 Teelöffel Salz
1 Eßlöffel Sojasoße
1 Eßlöffel Weinessig
2 Eßlöffel Wein
Wasser
2 Eßlöffel Sesamöl

Die Rinderzunge gründlich waschen. In einem Topf mit reichlich Wasser, so daß die Zunge bedeckt ist, aufkochen und 10 Minuten kochen lassen. Die Haut der Zunge sollte weiß aussehen. Nun in einem Topf mit kaltem Wasser kühlen lassen. Dann die weiße Haut mit einem scharfen Messer entfernen und zum Abfall geben. Die Zunge trockentupfen.

In einer Pfanne Pflanzenöl erhitzen und die Zwiebelwürfel darin anbraten. Ketchup, Salz, Sojasoße, Weinessig und Wein hinzufügen und alles 2 Minuten kochen lassen. Die Zunge hineingeben. Dann Wasser zugießen, den Topf schließen und seinen Inhalt 3 Stunden bei schwacher Hitze köcheln lassen. Kontrollieren, ob die Zunge gar ist, dann abkühlen lassen. Die Zunge in dünne Scheiben schneiden.

Mit Sesamöl anrichten und auftragen. Auch als Sandwichbelag zum Mittagessen geeignet.

Wirkung: Nahrung für das Herz. Kräftigt den Herzmuskel und die Blutgefäße.

Gemüserezepte für abends

Alle Rezepte sind für vier Personen berechnet.

Gebratene grüne Bohnen

1 Tasse Pflanzenöl
1 Pfund grüne Bohnen, geputzt, gewaschen und abgetropft
3 Eßlöffel Pflanzenöl
4 grüne Zwiebeln, gehackt
2 Scheiben Ingwer
1 Eßlöffel Knoblauch, feingehackt
4 Eßlöffel Sojasoße
1 Eßlöffel Wein
1 Teelöffel Zucker
Salz nach Geschmack

In einer Pfanne 1 Tasse Pflanzenöl erhitzen. Die Bohnen bei mittlerer Hitze so lange braten, bis sie schrumplig und braun sind. Auf Küchenkrepp abtropfen lassen.

Die Bohnen in 3, kleine Bohnen in 2 Stücke schneiden.

In einer Pfanne 3 Eßlöffel Pflanzenöl erhitzen und Zwiebeln, Ingwer und Knoblauch darin anbraten. Bohnen, Sojasoße, Wein, Zucker und Salz dazugeben. Alles 1 bis 2 Minuten in der Pfanne unter Rühren braten. Auftragen.

Wirkung: Beruhigt die Bauchspeicheldrüse, fördert die Verdauung und einen ausgeglichenen Blutzuckerspiegel.

Sojabohnen-Topf

110 Gramm Sojabohnen
2 Karotten, gewürfelt
2 Zweiglein Petersilie
1 Eßlöffel chinesisches Sesamöl oder nach Geschmack
½ Teelöffel Salz

Die Sojabohnen 2 Stunden in Wasser einweichen. Danach abseihen und abspülen. In einen Topf geben, mit Wasser bedecken, salzen. Aufkochen lassen, die Hitze reduzieren und ½ Stunde simmern lassen beziehungsweise so lange, bis sie gar sind. In ein Sieb schütten.

Petersilie waschen und abzupfen. Karotten schälen und würfeln.

Petersilie und Karotten in kochendes Wasser geben und sofort wieder herausnehmen.

Karotten und Petersilie mit den Sojabohnen mischen. Mit Sesamöl abschmecken. Probieren, eventuell nachwürzen, dann auftragen.

Wirkung: Blutdrucksenkend, reinigt die Blutgefäße. Wirkt entgiftend. Spült die Nieren und schwemmt Wasser aus dem Organismus.

Auberginen mit Pilzen

280 Gramm Auberginen
10 – 15 kleine Wolkenohrpilze
$^{1}/_{2}$ Tasse Pflanzenöl
3 Eßlöffel Pflanzenöl
1 kleine Dose Wasserkastanien, in Scheiben geschnitten
1 grüne Zwiebel, gewürfelt
1 Eßlöffel Ingwer, gewürfelt
1 Eßlöffel Knoblauch, kleingehackt
$^{1}/_{2}$ rote Paprika, getrocknet oder frisch, gewürfelt
2 Eßlöffel Sojasoße
1 Eßlöffel Zucker
2 Eßlöffel Weinessig
$^{1}/_{2}$ Teelöffel Salz
2 Eßlöffel Maisstärke, in etwas Wasser angerührt
$^{1}/_{8}$ Teelöffel weißer Pfeffer
1 Teelöffel chinesisches Sesamöl (nach Geschmack)

Auberginen abwaschen, längs halbieren, Kerne entfernen, in 2,5 Zentimeter große Würfel schneiden.

Wolkenohren waschen und 30 Minuten in warmem Wasser einweichen, dann in Streifen schneiden.

In einer Pfanne $^{1}/_{2}$ Tasse Pflanzenöl erhitzen und Auberginenwürfel etwa 5 Minuten darin braten, bis sie leicht gebräunt sind. Auf Küchenkrepp legen.

In einer Pfanne 3 Eßlöffel Pflanzenöl erhitzen und darin die Pilze, Wasserkastanien, grüne Zwiebel, Ingwer, Knoblauch und Paprika bei geringer Hitze unter Rühren braten – darauf achten, daß nichts anbrennt. Auberginen dazugeben und Sojasoße mit Zucker, Weinessig und Salz unterrühren. Dann die Maisstärke hinzufügen. Zugedeckt bei mittlerer Hitze 5 bis 6 Minuten köcheln lassen. Mit weißem Pfeffer und Sesamöl würzen und servieren.

Wirkung: Gut für die Entgiftung des ganzen Organismus und für die Funktion der Schilddrüse.

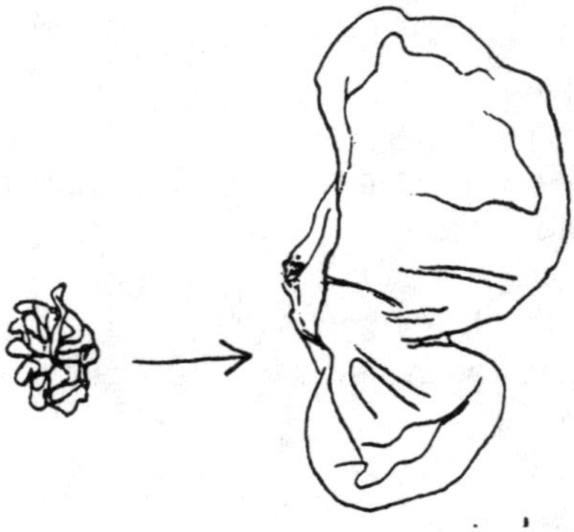

Abb. 23: Wolkenohrpilze

Tofusalat

1 Päckchen Tofu, abgespült und gewürfelt
1 große oder 2 kleine Tomaten
½ Teelöffel Salz
½ Eßlöffel chinesisches Sesamöl
1 Eßlöffel Sojasoße

Die Tomate(n) mit fast kochendem Wasser überbrühen, nach 1 Minute abschrecken und häuten, entkernen, in Würfelchen schneiden.

Tofuwürfel 5 Minuten in Wasser kochen. Abtropfen lassen, trokkentupfen und sparsam salzen. Nochmals abtropfen lassen.

Tomaten zum Tofu geben. Mit Salz, Sesamöl und Sojasoße würzen. Auftragen.

Wirkung: Dieses Gericht trägt zur Reinigung der Blutgefäße und des Gehirns bei, es bekämpft einen erhöhten Cholesterinspiegel.

Gurkensalat

1 ganze Gurke, geschält, gründlich abgespült und in Scheiben geschnitten
4 Eßlöffel Weinessig
4 Eßlöffel Zucker
½ Teelöffel Salz
1 Teelöffel Sojasoße
2 Eßlöffel chinesisches Sesamöl
4 Eßlöffel Wasser

Die Gurke längs halbieren. Wasser zum Kochen bringen, die Gurkenhälften darin 1 Minute blanchieren, entkernen, abtropfen lassen.

Weinessig, Zucker, Salz, Sojasoße und Sesamöl miteinander verrühren. Über die (in Scheiben geschnittenen) Gurken gießen, 1 Stunde kühl stellen, auftragen.

Wirkung: Gut für die Reinigung der Blutgefäße.

Abb. 24: Gurkensalat

Blumenkohl in Milch

1 Blumenkohl
2 Eßlöffel Pflanzenöl
1 grüne Zwiebel, gehackt
1 Eßlöffel Wasser
$^{1}/_{2}$ Teelöffel Salz
1 Tasse Milch
1 Eßlöffel Maisstärke
1 Eßlöffel Mehl
110 Gramm Cheddar, gerieben
1 Eßlöffel Parmesan, gerieben
$^{1}/_{2}$ Tasse Gemüsebrühe
$^{1}/_{4}$ Teelöffel Salz

Blumenkohl in Röschen zerteilen. Waschen. Die ebenfalls gewaschenen Stengel schälen.

Die grüne Zwiebel in Pflanzenöl andünsten. Blumenkohl, Wasser und $^{1}/_{2}$ Teelöffel Salz dazufügen und alles zum Kochen bringen. Die Hitze reduzieren und das Gemüse zugedeckt 3 bis 5 Minuten köcheln lassen, bis es fast gar ist. In eine Auflaufform geben.

In einer Pfanne Milch, Maisstärke, Mehl, $^{1}/_{4}$ Teelöffel Salz und Gemüsebrühe unter Rühren zu einer dicklichen Soße erwärmen. Soße über den Blumenkohl gießen, Cheddar und Parmesan darüberstreuen. Bei 160 °C 5 Minuten (oder bis der Käse geschmolzen ist) im Backofen überbacken.

Wirkung: Dieses Gericht schützt gegen Überwärmung. Gut bei warmem Wetter.

Spargel in Milch

1 Pfund Spargel, gewaschen, geschält, die harten Enden entfernt
6 Tassen Wasser
$^{1}/_{2}$ Tasse Gemüsebrühe

2 Teelöffel Salz
1 Tasse Milch
2 Eßlöffel Mehl
2 Eßlöffel Pflanzenöl
1 Tomate

In einer Kasserolle die 6 Tassen Wasser zum Kochen bringen. Den Spargel hineinlegen und 2 Minuten kochen. Abgetropft auf Teller verteilen.

Gemüsebrühe, Salz und Mehl mit der Milch verrühren.

In einer Pfanne Pflanzenöl erhitzen und diese Flüssigkeit dazugeben. Unter ständigem Rühren aufkochen, bis eine dicke Soße entstanden ist. Über den Spargel gießen.

Tomate 1 Minute in fast kochendes Wasser legen. Häuten, in Würfel schneiden und mit dem Spargel anrichten. Auftragen.

Wirkung: Besänftigt die Lunge, mindert Schleimbildung, löst Stauungen und verringert die Wasserretention im Gewebe.

Pilze Gold und Silber

Teil I
8 getrocknete chinesische Pilze *(Tentius edodes)*
1 Eßlöffel Pflanzenöl
½ Teelöffel Ingwer, feingewiegt
1 kleine Dose Bambussprossen, in Scheiben geschnitten
2 Eßlöffel Sojasoße
½ Teelöffel Wein
Salz nach Geschmack
½ Tasse Gemüsebrühe (aus dem Reformhaus)
1 Eßlöffel Maisstärke, mit etwas Wasser angerührt

Die Pilze waschen, in Wasser einweichen, Stiele abschneiden, Pilzköpfe vierteln.

Pflanzenöl in einer Pfanne erhitzen, Ingwer, Bambussprossen und chinesische Pilze anbraten. Dann 1 Eßlöffel Sojasoße, Wein und Gemüsebrühe hinzufügen und 3 Minuten kochen. Maisstärke und restliche Sojasoße unterrühren. Salzen. Auf der einen Hälfte einer Platte anrichten.

Teil II

2 Eßlöffel Pflanzenöl
$^1/_2$ – 1 Teelöffel Ingwer, feingewiegt
110 Gramm frische Pilze
50 – 60 Gramm Wasserkastanien
Salz nach Geschmack
$^1/_2$ Teelöffel Wein
$^1/_2$ Tasse Gemüsebrühe
1 Eßlöffel Maisstärke, mit etwas Wasser angerührt
1 Teelöffel chinesisches Sesamöl
$^1/_8$ Teelöffel Pfeffer

Pilze putzen. Öl in einer Pfanne erhitzen und Ingwer, Pilze, Wasserkastanien, Salz, Wein und Gemüsebrühe zugeben. Alles 1 Minute kochen lassen. Nun die Maisstärke einrühren, weiterkochen lassen, bis die Flüssigkeit gebunden ist.

Mit dem chinesischen Sesamöl und dem Pfeffer anrichten und servieren.

Wirkung: Dieses Gericht kräftigt den gesamten Organismus und schützt vor Krebs. Außerdem trägt es von innen her zur Schönheit bei.

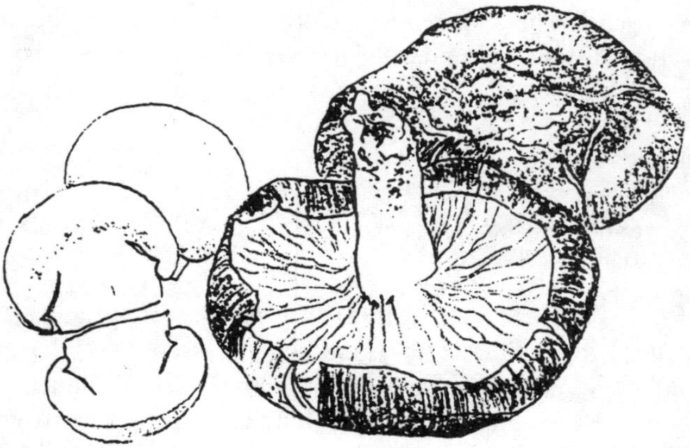

Abb. 25: Chinesische Pilze

Reiszubereitungen

Gedämpfter Reis

2 Tassen Reis, weiß, ungekocht
Wasser, das den Reis 2,5 Zentimeter hoch bedeckt

Den Reis in einem Topf 3- bis 4mal gründlich spülen, dabei die Reiskörner mit der Hand aneinanderreiben. Dadurch werden die meisten chemischen Zusätze entfernt. Abtropfen lassen.

Gewaschenen Reis mit Wasser bedecken. Das Wasser soll, wie erwähnt, 2,5 Zentimeter über dem Reis stehen. Zugedeckt zum Kochen bringen. Auf kleinster Flamme 30 Minuten quellen lassen. Gelegentlich umrühren.

Wirkung: Gedämpfter Reis ist ein neutrales Lebensmittel, das die

Ausgewogenheit aller Gerichte fördert. Weißer Reis wird empfohlen, weil Naturreis wegen der Schale weniger bekömmlich ist.

Reissuppe

1 Tasse weißer Reis, ungekocht
5 Tassen Wasser

Den Reis waschen, dann mit 5 Tassen Wasser aufkochen. Bei schwacher Hitze 1 Stunde lang gar köcheln lassen.

So zubereitet, ist er als Beilage zu jedem Gericht geeignet.

Wirkung: Reissuppe beruhigt die inneren Organe. Sie ist gut für Menschen mit schwachem Magen, günstig auch bei Verdauungsschwäche und extremer Müdigkeit. Die Suppe unterstützt die Absorption von Nährstoffen und läßt sich mit jedem Gericht kombinieren, um den Körper zu besänftigen und zu entspannen.

Desserts

Pfirsiche mit Mandeln

4 halbe Pfirsiche
$^{1}/_{3}$ Teelöffel geriebene Zitronenschale
4 Eßlöffel Honig
1 $^{1}/_{2}$ Eßlöffel Zitronensaft
$^{1}/_{2}$ Tasse Mandelsplitter
1 Tasse Wasser
$^{1}/_{4}$ Teelöffel Zimt

Die Pfirsichhälften mit der Schnittfläche nach oben in eine feuerfeste Form legen.

Zitronenschale, Honig, Zitronensaft, Mandeln und Wasser miteinander verrühren.

Diese Mischung auf den Pfirsichhälften verteilen. Mit Zimt bestreuen.

Nun 30 Minuten bei 160 °C im Backofen backen. Heiß oder kalt servieren.

Orangenpudding

1 Päckchen Gelatine
1 1/2 Tassen heißes Wasser
2 ganze Orangen, ungespritzt
Saft einer Zitrone
1/4 Tasse Rohzucker
1 Prise Salz
1/4 Tasse Magermilchpulver
1/4 Tasse kaltes Wasser
1/4 Teelöffel Vanilleextrakt
1/2 Teelöffel Zitronensaft

1 Orange unter heißem Wasser gründlich abbürsten, um eventuelles Wachs von der Schale zu entfernen. Die dünne orangefarbene Haut abraspeln, beiseite stellen. Die Orange halbieren und den Saft auspressen. Diesen mit der abgeriebenen Schale verrühren. Beiseite stellen.

Die andere Orange schälen. Orangenspalten filetieren. Orangenfilets kühl stellen.

Die Gelatine in heißem Wasser auflösen, Zucker und Salz, dann Zitronensaft darunterrühren. Orangenschale und -saft zufügen. Nach dem Abkühlen über die Orangenfilets gießen und im Kühlschrank erstarren lassen.

Milch, Milchpulver und kaltes Wasser verrühren und aufschlagen, bis eine dicke, cremige Soße entsteht, unter weiterem Schlagen Vanilleextrakt und 1/2 Teelöffel Zitronensaft zugeben. Die Masse über den Orangenpudding geben. Nochmals kühl stellen. Mit abgeriebener Orangenschale garnieren, in Würfel schneiden und auftragen.

Bananencremepudding

5 Eßlöffel Magermilchpulver
2 $^{1}/_{2}$ Eßlöffel Mehl
2 $^{1}/_{2}$ Tassen Wasser
2 $^{1}/_{2}$ Eßlöffel Rohzucker
2 $^{1}/_{2}$ Pfund Bananen, cremig geschlagen

Das Magermilchpulver und Mehl mit 2 Eßlöffeln Wasser cremig aufschlagen.

Das restliche Wasser in einer kleinen Kasserolle zum Kochen bringen. Milchpulver-Mehl-Gemisch, Zucker und Bananen untermischen.

Abkühlen lassen und in den Kühlschrank stellen. Gekühlt servieren.

Mandelpudding

2 Päckchen Gelatine
3 $^{1}/_{2}$ Tassen heißes Wasser
10 Eßlöffel Magermilchpulver
2 Teelöffel Mandelextrakt
$^{1}/_{3}$ Tasse Rohzucker
$^{1}/_{2}$ Tasse feingehackte, geröstete Mandeln
1 Tasse geschmolzene Schokolade (nach Belieben)

Die Gelatine in heißem Wasser auflösen und mit Milchpulver, Mandelextrakt und Zucker aufschlagen. Abkühlen lassen, in den Kühlschrank stellen. Geröstete Mandeln darüberstreuen, die geschmolzene Schokolade darüber verteilen und servieren.

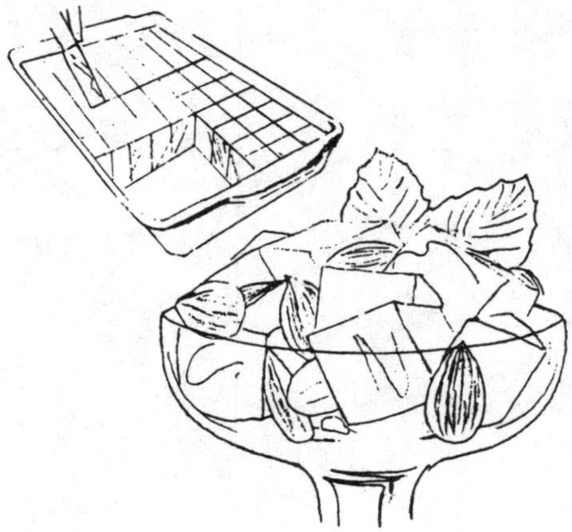

Abb. 26: Mandelpudding

Bohnenpudding

$^{1}/_{2}$ Pfund rote Bohnen (erhältlich im Spezialgeschäft)
2 Päckchen Gelatine
$^{3}/_{4}$ Tasse Rohzucker
5 Tassen Wasser
1 Prise Salz

Das Wasser mit Bohnen, Zucker und Salz zum Kochen bringen. Bei reduzierter Hitze mindestens 4 Stunden simmern lassen. Wenn die Bohnen fast gar sind, die aufgelöste Gelatine zufügen. Abkühlen lassen. Kalt stellen.

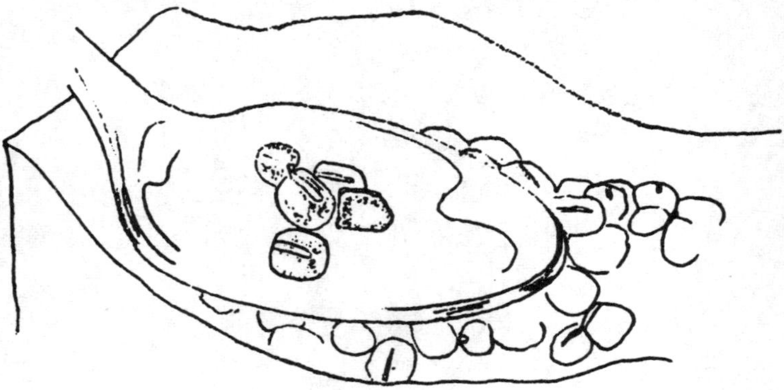

Abb. 27: Bohnenpudding

Suppe von Silberhautpilzen

110 Gramm Silberhautpilze (aus dem Spezialgeschäft)
2 Tassen Wasser
2 Eßlöffel Rohzucker
1 Teelöffel Mandel- oder Zimtextrakt

Die Pilze waschen und in einer Schüssel gut mit warmem Wasser bedeckt 5 Minuten einweichen. Sauber abtrocknen.

Wasser und Zucker in einem Topf erhitzen und die Pilze hinzufügen.

Bei schwacher Hitze 5 Minuten köcheln lassen.

Mandel- oder Zimtextrakt zugeben und servieren.

Abb. 28: Suppe von Silberhautpilzen

Apfel-Honig-Tee

4 Tassen Apfelsaft
1 Teelöffel Honig
1 Stückchen Zimtstange
4 Nelken
2 Beutel schwarzer Tee
Rum (nach Belieben)

Apfelsaft, Honig, Zimt, und Nelken in einem Topf aufkochen, dann vom Herd nehmen. Teebeutel hineinhängen, 10 Minuten ziehen lassen. Eventuell Rum hineingeben. Zu Kuchen oder Nüssen servieren.

Bei der Mehrzahl der hier beschriebenen Rezepte handelt es sich nicht um chinesische Rezepte, da die meisten chinesischen Rezepte nicht den taoistischen Richtlinien entsprechen, wenn einige ihnen auch nahekommen. Die Rezepte in diesem Buch sind taoistische

Rezepte für gesunde, moderne Mahlzeiten. Die meisten Zutaten sind im nächsten Supermarkt erhältlich. Die Rezepte sollen schmackhafte, aromatische, köstliche und bekömmliche Gerichte ergeben, die außerdem leicht zuzubereiten sowie preiswert und wenig zeitraubend sind.

SECHSTER TEIL

8. Einige Fallberichte über Gewichtsabnahme

Jana B.:
Während der vergangenen zehn Jahre habe ich unaufhörlich zugenommen. Ständig fühlte ich mich schwerfällig und aufgebläht. Ich hatte eine sehr negative Einstellung zu meinem Körper und suchte Möglichkeiten, dünner zu werden.

Ich probierte eine Diät nach der anderen aus: eine Skiläuferdiät, eine Stewardessendiät, die Atkins- und die Scarsdale-Diät und noch etliche eher merkwürdige Ernährungsweisen, und zeitweise fastete ich sogar streng. Ich trank Diätlimonade, aß Diätbrot und verwendete kalorienreduzierte Soßen zum Salat. Es war ein Kampf ohne Ende! Mein Leben war voller Depressionen und Niederlagen. Manchmal ging mein Gewicht herunter, aber dann sah ich krank aus und fühlte mich schwach, und binnen weniger Tage kletterte es wieder nach oben. Meine Gedanken kreisten immer mehr um meine Ernährung und mein Gewicht.

Nachdem ich meinen Körper fast fünf Jahre lang gequält hatte, begann ich, nach den Ernährungsregeln von Dr. Chang zu essen. Mein Körper war geschwächt, aber durch den Übungs- und Ernährungsplan kam ich nach und nach wieder zu Kräften. Allmählich fühlte ich mich viel besser. Erst vor einem Jahr beschloß ich, den Ernährungsprinzipien von Dr. Chang zu vertrauen. Zuversichtlich begann ich, drei Mahlzeiten am Tag zu verzehren, Heilkräuter zu verwenden und meine Trinkgewohnheiten zu ändern. Bald verlor ich mein Übergewicht. Inzwischen habe ich mehr als fünfzehn Pfund abgespeckt und bin nicht mehr vom Gefühl der Entbehrung und des Versagens beherrscht. Ich fühle mich sowohl körperlich als auch seelisch stärker.

Herr Derudder:
Hier ist meine Fallgeschichte. Im vergangenen Jahr hatte ich einen Herzinfarkt und bekam einen Bypass. Mein Cholesterinspiegel blieb aber auf 280 Milligramm. Ich lebte in ständiger Angst vor einem weiteren Infarkt. Durch einen Freund erfuhr ich von Dr. Changs Methode der Gewichtsreduktion. Nachdem ich mit der Diät und dem Übungsprogramm begonnen hatte, hörten der Brustschmerz, der Druck im Brustkorb, der trockene Husten und das Herzstolpern völlig auf. Ich kann mich gar nicht bremsen, jedem von diesem Erfolg zu erzählen.

Ann H.:
Früher wog ich 240 Pfund. Jedesmal, wenn ich in den Spiegel sah, hätte ich mich am liebsten umgebracht. Eines Tages hörte ich von der Methode Dr. Changs. Mit dieser Methode sollte man abnehmen und auch eine Zellulitis loswerden können, und ich fand es bemerkenswert, daß die Zellulitis sogar auf Dauer verschwinden sollte. Also befolgte ich die Anweisungen konsequent. Und drei Monate später wog ich nur noch 160 Pfund. Ich bin zwar immer noch etwas aufgeschwemmt, aber das werde ich auch noch wegbringen. Vielen Dank.

Dr. John Lindseth:
Als Heilkräuterspezialist muß ich mich oft mit Problemen der Diät und der Gewichtskontrolle auseinandersetzen. Ich empfehle meinen Kunden die inneren Übungen, Heilkräuter und andere Verfahren der taoistischen Medizin und beobachte dann die Ergebnisse. Dabei erkannte ich, wie wertvoll dieses Instrumentarium für unsere alltägliche Gesundheitspflege und unser Wohlbefinden ist. Wer die von Dr. Chang empfohlenen Prinzipien nur einigermaßen geduldig anwendet, wird über die Ergebnisse verblüfft sein. Noch erstaunlicher finde ich, daß die gesundheitliche Besserung eine bleibende ist. Es

kommt zu einer dauerhaften Gewichtsabnahme, und selbst wenn man einmal eine paar Tage oder Wochen »vergessen« sollte, nach den empfohlenen Richtlinien zu leben, sind die Bemühungen nicht völlig vergeblich gewesen. Ich sehe dies als einen Härtetest für die Wirksamkeit der angewandten Methoden an. Es kommt tatsächlich zu einer bleibenden Besserung.

Ich erinnere mich an den Fall einer Neunzehnjährigen, die innerhalb von etwa sechs Monaten so viel abnahm, daß ihr Kleider paßten, die drei Größen kleiner waren. Sie schaffte das, indem sie drei Mahlzeiten am Tag aß und ansonsten alles tat, was für eine junge Frau in diesem Alter normal ist – allerdings in Übereinstimmung mit den Prinzipien von Dr. Chang. Und das halte ich für einen außerordentlich wichtigen Punkt. Sie brauchte ihre Lebensweise nicht völlig umzukrempeln, um deutlich gesünder zu werden und ihr Idealgewicht zu erreichen. Es ergab sich ganz natürlich daraus, daß sie diese Prinzipien und Methoden im Alltag praktizierte.

Was mich vor allem verblüfft, ist die Tatsache, daß einige dieser Ideen so lächerlich einfach und praktikabel sind, daß jeder, der sie anwendet, den Nutzen schnell klar und deutlich an sich spürt. Ein Beispiel für dieses Phänomen sind Menschen, die vor allem infolge Wassereinlagerung in den Geweben übergewichtig sind. Die Vorstellung, daß zuviel Wasser für ihr Übergewicht verantwortlich ist, scheint so simpel zu sein, daß die Betroffenen es kaum fassen können, selbst wenn sie sehen, daß sie abnehmen, sobald sie weniger trinken. So einfach kann das doch gar nicht sein – aber oft ist es so. Diese (für uns neue) Prämisse, daß zuviel Flüssigkeitszufuhr zu Wassereinlagerung und Übergewicht führen kann, ist für die unzähligen Menschen, die um ihr Gewicht kämpfen müssen, sicherlich eine wichtige Erkenntnis.

Manche Fälle von Übergewicht sind natürlich komplizierter, doch hat Dr. Chang uns die Daten und Erklärungen gegeben, um alle Ursachen von Über- und Untergewicht zu verstehen. Er hat ein einfaches Ernährungsprogramm mit zahlreichen Rezepten zusammengestellt, so daß man sofort beginnen kann, den eigenen Gesundheitszustand zu verbessern und gleichzeitig abzunehmen. Wir haben sowohl das theoretische Rüstzeug, um die Gründe zu durchschauen, als auch die praktischen Mittel, uns die Schlüssigkeit der Theorie zu beweisen, indem wir soviel abnehmen, wie wir wünschen.

Vor einiger Zeit erschien ein Beitrag in einer Zeitung, der die Schlacht zwischen zwei führenden Ernährungswissenschaftlern beschrieb. Beide vertreten völlig konträre Auffassungen. Der Ernährungsplan des einen weist jeweils auf die Schwächen des anderen Konzepts hin und informiert ausführlich über die Beschwerden und Krankheiten, die es mit sich bringt. Für welchen Diätplan wir uns auch entscheiden, es wäre, selbst wenn wir dabei abnähmen, auf Kosten unserer Gesundheit. Wie soll man da die richtige Wahl treffen?

Eine weitere, populär gewordene Diät behauptet, daß es unerheblich sei, was man esse, solange es in einer bestimmten Reihenfolge geschehe. Diäten und Theorien findet man also wie Sand am Meer.

Welche Erleichterung ist es da, Regeln zu befolgen, von denen wir intuitiv schon immer wußten, daß sie richtig sind. Es ist wichtig, was wir essen. Unser Körper braucht gemischte Kost. Extreme Ernährungsweisen sind wahrscheinlich gesundheitsschädlich. Das Ziel des Idealgewichts ist schwerer zu erreichen, wenn der Körper geschwächt ist.

Die Prinzipien der taoistischen Gewichtskontrolle haben den Vorteil, daß sie über Jahrtausende praktiziert und verfeinert wurden. Letztendlich haben wir hier eine Methode, die uns lehrt, was wir essen sollen, um unser Idealgewicht zu erreichen und zu erhalten und bei ausgezeichneter Gesundheit sehr alt zu werden.

Als Psychotherapeut ermutige ich meine Klienten, zu ihrer gewohnten Ernährung zusätzlich Heilkräuter anzuwenden. Dieses Vorgehen hat mich in die Lage versetzt, sehr genau den Zusammenhang zwischen körperlicher Gesundheit und psychischem Wohlbefinden zu erkennen. Oft scheint es, daß eine mehrmonatige Zusatzbehandlung mit Heilkräutern den geistigen und seelischen Zustand eines Menschen schneller bessert als eine monatelange reine Psychotherapie. Natürlich haben die Prinzipien des Taoismus seit Jahrtausenden gelehrt, daß eine Schwäche oder ein funktionelles Ungleichgewicht bestimmter innerer Organe zu entsprechenden seelischen oder geistigen Gleichgewichtsstörungen führt. Da ich dieses Phänomen ungezählte Male beobachten konnte, bin ich von der Bedeutung der Beziehung zwischen Körper und Seele vollkommen überzeugt. Körperliches Wohlbefinden bedeutet geistiges und seelisches Wohlbefinden und umgekehrt. Auf der Grundlage dieses Zusammenhangs zwischen Körper und Seele kann ich die Prinzipien und Methoden, die Dr. Chang lehrt, uneingeschränkt empfehlen.

Literaturverzeichnis

BILLEN-GIRMSCHEID, GERD, und OTMAR SCHMITZ: Das Öko-Lexikon unserer Ernährung. W. Krüger, Frankfurt am Main 1986.

BIRKINSHAW, ELSYE: Denken Sie sich schlank. Diätfrei abnehmen in 21 Tagen. Ariston Verlag, Genf/München 1989.

BRAUN, HANS, und DIETRICH FROHNE: Heilpflanzenlexikon für Ärzte und Apotheker. 5. Aufl., G. Fischer, Stuttgart 1987.

BRAUNER, DORIS und FREDE LADEFOGED: Krankmacher Schwermetalle. Blei in den Knochen – Abhilfe dank Haaranalyse. Ariston Verlag, Genf/München 1991.

CHANG, STEPHEN THOMAS: Das Handbuch ganzheitlicher Selbstheilung. Handgriffe des medizinischen Tao-Systems. Ariston Verlag, Genf/München 1990.

CHANG, STEPHEN THOMAS.: Das Tao der Sexualität. Von der tieferen Weisheit des Lebens. Ariston Verlag, Genf/München 1992.

Deutsche Gesellschaft für Ernährung (Hrsg.): Ernährungsbericht 1984. Druckerei Henrich, Frankfurt am Main 1984.

Dies.: Ernährungsbericht 1988. Druckerei Henrich, Frankfurt am Main 1988.

DEVI, INDRA: Yoga für Sie. Neue Energie für Körper und Geist durch Entspannung und rhythmisches Atmen. Ariston Verlag, Genf/München 1991.

EBNER, WOLF C.: Akupressur wirkt sofort. Schmerzlinderung ohne Medikamente. Ariston Verlag, Genf/München 1989.

ELMADFA, IBRAHIM, und CLAUS LEITZMANN: Ernährung des Menschen. UTB Große Reihe, Eugen Ulmer, Stuttgart 1990.

FOEN TJOENG LIE: Chinesische Naturheilverfahren. Falken Verlag, Niedernhausen/Ts. 1986.

FÜLGRAF, GEORGES, und DIETER PALM (Hrsg.): Pharmakotherapie. Klinische Pharmakologie. 8., neubearb. Aufl., G. Fischer, Stuttgart 1992.

HILL, ANN (Hrsg.): Illustriertes Handbuch alternativer Heilweisen. Hermann Bauer, Freiburg 1980.

HÖHNE, ANITA: Heiltees, die Wunder wirken – Die Geheimrezepte des Tiroler Arztes Dr. med. Leonhard Hochenegg. Ariston Verlag, Genf/München 1986.

KALTENMARK, MAX: Lao-tzu und der Taoismus. Edition suhrkamp, Neue Folge Band 55, Frankfurt am Main 1981.

KENT, HOWARD: Yoga leichtgemacht – Übungen für geschwächte, kranke und ältere Menschen. Ariston Verlag, Genf/München 1988.

KAMPIK, GEORG: Propädeutik der Akupunktur. 2., durchges. Aufl., Hippokrates, Stuttgart 1991.

KUNZ, KEVIN und BARBARA: Das große Buch der Relfexzonenmassage – Selbstbehandlung an Hand und Fuß. Ariston Verlag, Genf/München 1987.

MEYER, CHRISTIAN: Schlank durch Fingerdruck. Die neue Akupressurmethode: diätfrei, streßfrei, efffizient. Ariston Verlag, Genf/München, 1993.

MEYER, ERIC (Hrsg.): Das große Handbuch der Homöopathie – Ein Ratgeber für die ganze Familie. Ariston Verlag, Genf/München 1989.

REID, DANIEL P.: Chinesische Naturheilkunde. Orac, Wien 1988.

SOUCI-FACHMANN-KRAUT: Lebensmitteltabelle für die Praxis. Hrsg. von der Deutschen Forschungsanstalt für Lebensmittelchemie, Garching bei München. 2. Aufl., Wissenschaftliche Verlagsgesellschaft, Stuttgart 1991.

Register

F

G

H

I

J

K

L

M

N

O

P

R

S

T

U

V

W

Y

Z